Niels Hemmingsen

Vermanunge von den schwarzkünstlerischen Aberglauben

Das man sich dafür hüten soll, den Liebhabern des unverfälschten Gottesdienstes zu gute

Niels Hemmingsen

Vermanunge von den schwarzkünstlerischen Aberglauben
Das man sich dafür hüten soll, den Liebhabern des unverfälschten Gottesdienstes zu gute

ISBN/EAN: 9783743606371

Hergestellt in Europa, USA, Kanada, Australien, Japan

Cover: Foto ©Lupo / pixelio.de

Manufactured and distributed by brebook publishing software (www.brebook.com)

Niels Hemmingsen

Vermanunge von den schwarzkünstlerischen Aberglauben

Vermanunge
von
Den Schwartz-
künstlerischen Aberglauben /
das man sich dafür hüten sol.

Den Liebhabern des vn-
uerfelschten Gottesdienstes zu gute /
Lateinisch im Jahre 1 5 7 5.
geschrieben /

Durch Herrn
Nicolaum Hemming /

Newlich verdeudschet vnd in
Druck gefertiget.

Esaiae am 8. Cap.
Nach dem Gesetz vnd Zeugnis.

Wittemberg /

Gedruckt durch Hans Kraffts Erben.
Jm Jar / 1 5 8 6.

Dem gütigen
Leser.

Er dieses Büchlein verdeudschet / hat denen so nicht Lateinisch vnnd Griechisch verstehen / sonderlich aber jungen Leuten vnnd Weibes bildern / die leichtlich zuuerfüren sind / damit alleine dienen wollen / auff das sie den Teufel kennen lernen vnd wissen mögen / das Zäuberey ein sehr abscheulich vnd Gotteslesterlich werck des Teufels ist / dadurch die Leute also eingenomen vnd verblendet werden / das sie es für keine Sünde / sondern für ein Gottselig vnnd Heilig dieng halten / vnd das selben ein Zäuberer gefunden

A ij wird /

wird/ der dauon abstehen vnd ernste Busse thun könne / faren viel
lieber in jrem verstocktem verblen-
detem Sinn mit jrem Meister dem
Teuffel dahin in Abgrund der
Hellen / zu jrer vnauffhörlichen
Wehe/ Ach vñ qual. Denn derselbe jr Meister machet seinen Schülern die Zeuberey vnd seine andere abscheulichste sachen so schön/
lieblich vnd heilig/das sie von Gottes Wercken nicht leichtlich abzu-
scheiden / vnd nicht jedermans ist
sich dafür zu hüten / Wie er sich
denn selber als einen heiligen Engel Gottes geberdet vnd sehen les-
set/wenn er den Menschen die grö-
sesten Schäden zufügen wil/ gibet
auch als denn nichts anders denn
eitel Heiligkeit vnd gutes für/ weil
er als ein tausent Künstler wol
weis /

weis / das durch gute Wort vnd
freundliche erzeigungen ein betrug
stat findet/wie man auch sagt /

Fistula dulce canit , volucrem dum decipit auceps.

Mit süssem Gesang vnd liblichn Pfeiffen
Thut man die schewn Waltvöglein er-
schleichen/

Wie *Sirenes* mit jren schönen Stimmen
Die Schiffleut im Meer theten vmbbrin-
gen.

Wie *Dalila* Samson den starcken Man/
Den Philistern gemacht hat vnterthan/
Vnd solchs mit freundlichen gberdē thet /
Welches jr sonst gentzlich gefeilet het.

Daher kömets auch das Leute die
gute vnd glatte Wort geben nicht
vnbillich verdechtig sind / denn gemeiniglich damit / vnd mit freundlichen Geberden etwas gesuchet
wird / das dem dabey es gesuchet /
nicht nütze ist.   Es kan sich auch
kein Mensche für des Teufels tücken vnd der Zeuberey hüten / er

A iij   sey

sey denn ein Chriſte / das iſt / ein
ſolcher Menſch / der in Gottes
Wort wol vnterrichtet iſt / vnd daraus des Teuffels vnd ſeiner Geſel-
len weiſe vnnd anſchlege hat kennen / vnd die Waffen ſo S. Paulus zum Epheſern am 6. Cap. erzelet / gebrauchen lernen / darüber
auch nicht ſchlefferig vnd ſicher /
ſondern alle ſtunden vnd Augen-
blicke wacker vnd fürſichtig iſt /
das er nicht beſchlichen oder vber-
raſchet werde / dazu er denn im Vater vnſer der ſechſten Bitte gebrauchen mus. Sonſt kan dieſe Kunſt
kein Menſche / er ſey ſo verſchmitzt /
anſchlegig / vnd fürſichtig als er
jmer wolle / in maſſen in dieſem
Büchlin / vnd bey allen Vnchri-
ſten / auch den Papiſten zu ſehen /
bey welchen die Zeuberey vnnd
ſchwartz-

Schwartzkünste am meisten im
schwang gehen.　Den Dolmetzscher aber hat zu dieser Arbeit bewogen ein erbermlich Exempel einer Person von fürnemen Stande / welche sich one allen zweiffel
besser fürgesehen / wenn sie dieses
Büchlein gelesen / vnd desselben
Leren geglaubet hette.　Das es
auch junge Leute recht verstehen
können / hat der Dolmetzscher sich
hierin gemeiner vnnd vnter Kindern vnnd Gesinde im Hause ge-
breuchlicher deudscher wort vnd
der deudschē Sprach art befliffen.
Da er nun solches nicht allenthalben getroffen / werden doch from-
me Leute mit jm zu frieden sein /
weil sie / seines verhoffens / des
Herrn Hemmings meinung daraus vernemen können. Den andern

dern so nicht damit zu frieden sein
wollen / wird geantwortet mit
Martiale: *Improbè facit qui in alieno*
labore ingeniosus est.

Der ist gewis böss vnd vol arger list /
Wer in eins andern Buch reichsinnig ist.
Dieweil auch Gott jm hat wol ge-
fallē lassen nicht alleine das Gold/
Silber/ Seiden/ Edelgesteine vnd
andere, köstliche dinge / sonderu
auch verechtiglich Ziegenharr
vnd Heute / so zur stiffts Hütten
von den Israeliten verehret wur-
den/ wird derselbe Gott dis Werck
auch nicht verachten/ *Nam, Mola*
litant salsa qui thus non habent. Kleine
Heiligen können nicht gros-
se Wunder
thun.

Dem

Dem Leſer/

Welcher den

wahren vnd reinen Glau-
ben vnd Gottesdienſt
lieb hat.

GLeich wie die ſichtbare Sonne/ Gottfürchtiger Leſer/vns weiſet/ das wir auff den Wege/ den wir vnſer dieſes zeitlichen Lebens geſcheffte halben wandeln / nicht anſtoſſen oder fallen/ alſo weiſet vns Gottes Wort alleine den rechten Weg zur Seligkeit/ vnd füret vns gerade/ das wir weder zur Rechten noch zur Lincken abweichen/ vnd nicht/ wie ſonſt leider bald geſchehen kan / vnuerſehens in verderben geraten mögen. Denn wer nur ein wenig auff Menſchliche weisheit helt/ der kan gar bald des weges der Seligkeit feilen / vnd bringet ſeine Seel gewislich ins Verderben vnd Ver-

A v   damnis.

damnis. Derwegen Dauid / welcher viel
vnd manigfeltige des Fleisches / der Welt /
vnd des Teuffels tücke erfaren / nicht vnbillich mit folgenden worten ernstlich betet.
Lehre mich HERR deinen weg / so werde
ich in deiner Warheit wandeln. Item / an
einem andern ort: Leite mich auff deine
Warheit. Mit welchen worten Dauid
gnugsam bezeuget / das er nicht weis / wie
er solle selig werden / wo es jme Gott nicht
zeiget / vnd das er dabey nicht bleiben könne / wo jn Gott nicht dabey erhelt. Denn
die weisheit dieser Welt gehet nicht weiter
als man fület / vnd die Vernunfft weiset /
Derwegen auch nichts gefehrlichers ist /
denn der Vernunfft vnd Menschlichem
verstande folgen / wenn man von der Seelen seligkeit vnd ewigem Leben handelt.
Dem alten vnd vnfruchtbarem Abraham
ward von Gott ein Son von seinem vnfruchtbarem vnd verlebtem Weibe verheissen / wenn da Abraham Menschlicher vernunfft vnd verstand het folgen wollen / hette er an derselben Göttlichen Verheissung
verzagen müssen. Denn wer könte gleuben / das von einem schwachen Manne /

vnd

vnd vnfruchtbaren verlebtem Weibe ein
Kind solte geboren werden? Aber was
thut Abraham? Er sihet auffs Wort vnd
helt Gott für warhafftig vnd allmechtig /
daraus fasset er das vertrawen / das er /
vngeachtet ein schwacher alter Man / ein
Vater / vnnd Sara ein verlebtes Weib
war / eine Mutter werden können / ob es
gleich wider alle natur vnd vernunfft war.
Es hat jn auch sein Glaube nicht betrogen.

Derwegen wenn man von sachen
die Seligkeit belangende handelt / sollen
wir auff Gottes Wort sehen / vnd auff
dasselbe alleine acht haben / bis wir die Seligkeit wircklich erlangt / vnnd sollen vor
Augen haben des sehr heiligen Königes.
vnd Propheten heuptspruch / nemlich:
Dein Wort ist eine Leuchte meinen Füssen / vnnd ein Liecht auff meinem Wege.
Dieser Heuptspruch vermanet vns / das
wir vnsern vnbegreifflichen vnuerstand
erkennen / vnnd vns Gottes wort regie-
ren lassen sollen / welches vns zur Seligkeit
füret / das wir nicht weiter gehen sollen /
als Gottes wort weiset / Das wir dem
Worte

Worte Gottes von dem wesen vnd willen
Gottes / auch von dem Mitler festiglich
vnd beharrlich gleuben sollen / nach dem
Spruch Christi : Dis ist das ewige Leben / das sie dich alleine vor den waren
Gott erkennen / vnd Jesum Christum den
du gesandt hast. Petrus gibt solchen rath
auch / da er spricht· Jr thut wol vnd recht /
das jr achtung gebet auff das Prophetische
wort / als auff ein Liecht / das im finstern
orte leuchtet / bis der morgenstern in ew-
rem Hertzen auffgehe. Vnd Esaias im 8.
Cap. spricht / man sol auffs Gesetze vnd
Gottes wort acht haben / in summa / die
gantze heilige Schrifft weis von keinem
andern liechte / das die Menschen auff den
rechten Weg füret / vnd sie darnach darauff behelt / bis sie in das Himlische Vaterland gebracht / denn von Gottes Wort
alleine / Wer von solchem Liechte abwei-
chet / der fellet wider in vorige finsternis
vnd schatten des todes. Welches weil der
Sathan wol weis / versuchet er alle mittel
vnd wege / das er die Menschen entweder
hindere / das sie auff den weg der Seligkeit
nicht kommen / oder aber da sie darauff
geko-

gekommen / das er jnen hinderniſſen ein-
werffe / auff das ſie fallen / vnd die Seligkeit wieder verlieren Denn es machet ſich
derſelbe vnſer Feind beide an die Lehrer der
Chriſtlichen Kirchen / vnd an die Zuhörer.
An die Lehrer / das ſie entweder in der Lehre
oder im Leben / oder in beyden jren vnnd
fallen / Daher denn komet / das viel Lehrer
der Kirchen den Zimmerleuten / ſo das
Schiff Noe gebawet / gleich ſind / welche
die Arche oder das Schiff wol ſelber gebawet / aber doch gleichwoll jemmerlich in
der Sündflut erſoffen ſind / da dargegen
Noe mit denen ſo mit jm in daſſelbe Schif
gangen / erhalten vnnd lebendig blieben.
Derwegen ſollen die Prediger oder Diener des Euangelij denſelben Zimmerleuten nicht gleich ſein / auch nicht denen /
welche des Nachts die Fackeln oder Laternen hinderwerts tragen / vnd denen ſo folgen den Weg damit zeigen / darauff ſie
doch ſelber vbel fallen / welches das erberm-
lichſte ding iſt / ſo ſein kan.

An die Zuhörer aber macht ſich der
Sathan auff mancherley weiſe / das er ſie
auch hindern möge / damit ſie des rechten
Weges

Weges feilen / vnnd durch die gewisheit
des Glaubens zur Seligkeit nicht komen/
in massen nicht ohne gros Hertzleid man
vor der zeit / als die ersten Menschen ge-
schaffen/ erfaren. Denn der Teuffel hat
allezeit fünfferley Menschen / die als seine
gedingete oder gemietete Drabanten sein/
welche andern den weg der Seligkeit ver-
schrencken / als Tyrannen oder Wüteri-
che/ Epicurer oder Wolleber die öffentlich
vnd vngeschewet ein böse Leben füren/
Heuchler vnnd Schwartzkünstler oder
Zeuberer mit iren Schülern.

I. Die Tyrannen oder Wüteriche be-
vleissen sich stets wie sie durch der Merterer Blut vnd Tod den Menschen den weg
zur Seligkeit verlegen / damit viel Menschen durch der Merterer pein oder qual
abgeschrecket/ entweder sich auff den Weg
der Seligkeit nicht begeben / oder / da sie
sich darauff begeben / zu irem vorigen
schendlichem leben grewlicher weise darumb wieder zu rücke fallen. Denn wo mit
gehet die Türckische wüterey noch heutiges tages anders vmb? Was suchet der
Papisten vnsinnigkeit anders? Was meinen

nen viel andere mit jrem tollen Eifer? Aber
weil die heiligen Gottes/ Propheten / vnd
Christus selber diese ding für langen zeiten
zuuor verkündigt haben / so sollen Gott=
fürchtige sich mit derselben Propheten vnd
Christi verheissungen trösten / denn der
HERR wird bald aller / so jm von Her=
tzen vertrawen/ Trenen abwischen.

II.   Die Epicurer oder Wolleber haben
ein guts Mütlein/ vnd halten sich herrlich
mit essen vnd trincken / vnd bekümmern
sich vmb keinen Gottesdienst / durch wel=
cher Exempel viel sein verfürt worden.
Wenn diese sich etwa zu einem Gottes=
dienste halten/ so thun sie es nur darumb /
das man nicht mercken sol / das sie vom
Gottesdienste vnd dem Glauben nichts
halten. Vor dem gemeinen Man scheinen sie als Gottfürchtige vnd andechtige
Leute / aber als denn sihet man wie Gott=
fürchtig/ from vnd andechtig sie sein/ weñ
man aus Gottes wort vnd befehl jnen et=
was gebeut/das wieder jre lüste ist/welchen
Lüsten sie/ wenn es gleich Gott verdriessen
solte/ zu folgen jnen vorgenommen haben.
Aiax hat/wie man in der Tragedien findet/
wollen

wollen dafür gehalten sein/das er der Mi-
nervae Göttliche ehre vnd gehorsam erzei-
gete / denn diese hatte er jm vnter allen
Göttern alleine zur Göttin erwelet / welcher er gehorsam sein wolte / Aber als er
seiner bösen lust folgete / vnd bey sich be-
schlossen hatte/ den Vlissen / welcher seiner Fantasey nach/sein Gefangener war/
zu tode zu geisseln/befielet jm die Minerua/
er solle des Vlissis schonen. Was thut
Aiax hierauff? Er wil den namen nicht
haben das er seiner Göttin vngehorsam
sey/ er wil auch von seiner bösen Lust nicht
ablassen / derwegen antwortet er seiner
Göttin also: O Minerua meine liebe
Göttin/ in andern dingen will ich dir wil-
faren/hierin kan ichs trawen nicht thun/
denn ich mus den Vlissen nach seinem
Verdienste straffen. Ob dieser Aiax
nicht viel Gesellen haben solte? Wolte
Gott er hette jrer nicht mehr/als dafür angesehen sein wollen / denn es sein viel die
sich stellen als wolten sie in etlichen dingen Gott gehorsam sein / sie dienen nicht
den Abgötzen/weil es Gott verbotten hat /
Sie tödten niemand/weil es Gottes gebot
zu wieder

zu wieder ist/ vnd viel andere dienge mehr
thun sie/ damit sie für rechtschaffene Gottes diener angesehen werden mögen. Aber
wenn jnen ein lust etwa eines zorns / gei-
tzes / oder eines andern dinges ankömet/
da sihet man/wie sie derselben nachhengen
vnd folgen/sie gedencken nicht das der gehorsam gegen Gott nach allem Geboten
gehen mus/ also/ das / wer an einem vorsetzlich brüchig wird/ vnd sich vergreiffet/
derselbe an allen schüldig ist/das ist/sein gehorsam gefellet Gott in andern auch nicht.
Welches als der sehre heilige Man Dauid betrachtet / hat er Gott also gebeten.
Lehre mich HERR deinen Weg / so
wil ich in deiner Warheit wandeln / verei-
nige mein Hertz / das es deinen Namen
fürchte. In diesen Worten bittet Dauid
das sein Hertz möge vereiniget/ das ist/das
sein verstand mit Gottes wort erleuchtet /
vnd die Lüste oder begirden seines Hertzen
durch den heiligen Geist gereiniget werden mögen / auff das der Wille vnd wercke der Glieder des Menschen mit einander einig sein / vnd also dem Namen des

B   Herrn

HERRN one falsch / vnd one einigen mangel dienen mögen. Denn so dieselben mit einander nicht einig sind / so ist der gehorsam auch nicht rein / vnd angeneme.

III. Die öffentliche schandlose Freueler hindern auch viel / das sie auff den rechten Weg nicht kommen. Denn sie als vnsinnige Leute aus einem Laster in das ander fallen / vnd halten jnen das für ein köstlich ding / wenn sie jre Gesellen mit Vntugenden vbertreffen / vnd sich Gottes wort nicht binden lassen. Dieser ist so viel das man kein Exempel darff anziehen / vnd mir kömpt des dinges in diesen meinem Alter / nicht one gros Hertzleid / sehr viel für die Augen / Aber dich o Gott bitte ich / du wöllest diesem meinem Hertzleide der mahln eins abhelffen.

IIII. Darnach finden sich auch Heuchler welche nicht viel besser sind als die Tyrannen oder Wüteriche. Vnd dieser ist auch ein grosser hauffe. Diese beruffen sich auff Gottes wort / aber felschlich. Denn

Denn sie setzen an stat der rechten Leuchte jre Finsternis/ das ist/ Menschen leren oder satzungen/ welche sie für jre Laternen hatten/ bis sie in greuliche Finsternissen gestürtzet werden. Vnd wie die Wüteriche auff der rechten seite zu weit gehen/ also gehen die Heuchler auff der lincken seite zu weit/ alle beyde thun mit jren irrewegen vnd bösen Exempeln nicht wenig schaden.

V. Die Schwartzkünstlere oder Zeuberer mit jren Schülern/das ist/mit denen so sich jrer Kunst gebrauchen / treten nicht weniger von dem rechtem Wege/vnd sind nicht weniger andern hinderlich / als die vorigen. Denn diese verlassen den wahren Gott/vnd ordentliche mittel / vnd suchen hülffe bey dem Teufel Gottes feinde/ zu Gottes verachtunge/an welches Gebot sie sich nicht keren / sondern setzen sich freuentlich wieder Gott / vnnd werden mit den Teuffeln vnd jren Gesellen seine abgesagte Feinde. Dieweil diese aber jre schande vnd laster mit Feigen blettern zudecken/

B ij   vnd

vnd für die jenigen/ die sie doch sein/ nicht
wollen geachtet oder angesehen werden /
als habe ich newlicher weile eine verma-
nung oder erinnerung geschrieben / wie
man sich für Schwartzkünstlerey oder
Zeuberey hüten solle/ welche Zeuberey sich
ja so wenig mit der waren vnd vnuerfelsch
ten *Religion* oder Gottesdienst reimet/ als
Belial mit Christo / vnnd des Teuffels
finsternissen mit Gottes Liecht / in welchem Liecht allen Heiligen zu wandeln befohlen wird. Wem nu der ware Gottesdienst angelegen ist / der sol wissen / das
man sich für solchen in Gottes Wort verdampte Künste gleich so sehre/ als für dem
Teuffel vnd gewisse Gifft der Seelen hüten sol. Das ich angefangen habe zu
schreiben / das man sich für solche Künste
hüten sol/ dazu habe mich etliche erschreckliche Felle in dieser Stad verursacht / welche ich nicht wil nennen/ Erstlich darumb/
das ich hoffe es haben die jenigen / so damit besudelt gewesen/ für jrem Ende busse
gethan/ darnach auch/ damit man es nicht
dafür achten möge/ als hette ich jnen nach
jrem

jrem Tode vbel nach geredet/ da man viel mehr mitleiden mit jnen solte gehabt haben. Ich bitte aber den Leser/wer der auch sein wird/ er wolle mit dieser meiner geringen Arbeit für lieb nemen / vnd so sie jme nützlich sein wird / sol er wissen das dis Büchlein jm darumb zugeschrieben sey. Gott befohlen / vnd Vrteile von diesem meinem Schreiben vnd andern nicht nach deinen eigenen Lüsten/ sondern nach Gottes Wort/welches alleine den Gottfürchtigen eine Richtschnur in der Lehre / vnd Weg des Lebens sein sol. Datum den 1. Julij/ Im Jar nach Gottes vnd Menschen vnsers einigen Mitlers vnd Meisters Jesu Christi geburt/ 1 5 7 5.

B iij   Von

Von dem

Schwartzkünstlerischen
oder Zeuberischen Aber-
glauben.

I. Capitel.

Als die Griechen *Sophus*,
das ist/ Weisen nennen/ das
haben die Perser *Magos* geheissen.　Daher kömpt bey
den Griechen das wort *So-
phia*/vnd bey den Persen das wort *Magia*/
das ist/ Weisheit/ vnnd wird sonderlich
von vortrefflicher geschickligkeit/ wissenschafft oder verstande der natürlichen din-
gen/vnd erforschung der Himlischen Cörper vnd derselben Wirckunge oder Krafft
in diese vnterste oder jrdische ding verstanden. Solches/das ist/ von solcher erkün-
digung der natürlichen wirckungen haben
die Persen geleret/ derer der Euangelista
Matthaeus im 2. Cap. gedenckt/der sie von
jrē stande *Magos*,das ist/ Weisen/ nennet.
　　Dieweil aber die *Magi*, das ist / die
Weisen bey den Leuten jrer Weisheit halber

ber in groſſen ehren geweſen / haben ſie
ſich deſſen ſehr erhoben/vnd ſind ſtoltz wor-
den/daher der Teuffel auff dieſe gelegenheit achtung gehabt/vnd iſt bey jnen einge-
ſchlichen / vnd hat ſie in Aberglaubiſcher
Schwartzkünſtlerey oder Zeuberey vnterrichtet vnd mechtig gemachet/auff das die-
ſelben *Magi* wegen ſolcher fürtrefflichen
Weisheit hoffertiger würden/ vnd ſein betrug bey den Leuten gelten möchte/welcher
betrug *Magia* vnd *Magica* genant worden
iſt. Vnd der Magiſche oder zeuberiſche
Aberglaube iſt alles was vom Teuffel geſchicht durch einen Menſchen/mit allerley
Worten/Zeichen/Figuren oder Bildern/
es habe der Menſch mit dem Teuffel ein
verbundnis gemacht oder nicht. Ich wil
aber mit dem worte *Magia* ſchwartzkünſt-
lerey oder Zeuberey gemeinet haben / alles
was im 5.Buch Moſe am 18.Cap.mit dieſen worten verbotten wird: Es ſol bey dir
nicht funden werden ein Zeichendeuter/ein
Köckeler oder Augenuerblender/ der auff
Vogel geſchrey achte/ Ein Zeuberer / ein
Beſchwerer/ein Warſager/ oder der einen
Geiſt fraget/ ein *Magus* oder nothelffer.
vnd der die Todten fraget.   Das

Das diese achterley art oder weisen der Schwartzkünstlerey oder Zeuberey in Egypten lande/ daraus die Israeliten das mahl newlich gezogen waren/gebreuchlich gewesen/ ist kein zweiffel.

Aber ehe denn wir diese Waisen der Abergleubischen Magien / so Moses erzelet vnd verwirfft/ mit jren Beschreibungen vnd Exempeln erkleren / wollen wir etliche Fragen fürlegen vnd erkleren/durch welche erklerunge den jenigen/so dem rechten Glauben zugethan sind/ gründlich gezeiget wird / was von der gantzen Magia Schwartz oder Zeuberkunst zuhalten sey.

Die erste Frage.

Ob die Magia/ das ist/ die Schwartz oder Zauberkunst von Menschen/oder vom Teuffel erfunden sey?

Hierauff antworte ich.

Gleich wie der Satan nach erschaffung der Menschen im Paradis durch die Schlange sich an vnser erste Eltern Adam vnd Euam mit liste gemachet/vnd sie von Gottes gehorsam mit verkerung vnd versälschung

felschung Gottes Wort abgeleitet/ vnd zu
wegen gebracht / das sie Gott verlassen
vnd jm gefolget / vmb welches vngehor=
sams willen sie mit allen jren nachkömlin=
gen sehr schwere Straffen haben leiden
müssen/ vnd in alle Ewigkeit weren verlo=
ren vnd verdampt gewesen/wenn sie Gott
nicht aus Gnaden vnnd Barmhertzigkeit
seines Sons halben durch eine newe ver=
heissung wider auffgerichtet/ vnd zu rechte
gebracht hette : Also ist auch kein zweiffel/
das derselbe betrieger der Teuffel nach der
gegebenen Verheissunge von des Weibes
samen gleich auch dieselbe Kunst gebrau=
chet habe die Leut zuuerfüren / das sie der
Göttlichen Verheissung nicht gleubeten.
Derhalben ist gleublich/ das er des Cains
Nachkömlinge als seine Diener vnnd
Werckzeuge gebrauchet habe/die Leute mit
der Magia/ das ist/ Schwartz oder Zeu=
berkunst zuuerfüren. Welches auch alleine
aus dem 7. Cap. des andern Buchs Mo=
se/ vnd aus der 2. Epistel an die Thessalo=
nicher am 2. Cap. zu sehen ist.

Vnd ich gebe dem Methodio beyfal/
B v der

der in seinen Offenbarungē also schreibet:
Im 340. Jahre des Jared/ sind herfür komen Menner/ welche böse Künste erfunden haben / Vngerechte vnnd voll aller
Bosheit/ von Cains kindern / als Jobet
vnd Toluscol des Lamechs/ der Blindge-
wesen/ Söne/ welche der Teuffel eingenommen vnd besessen/ vnd auff allerley
art vnd weisen der Zeuberischen Künste
verleitet hat. Dis sind des Methodij wort.

Ferner ist auch kein zweiffel / das der
Teuffel diese verfluchte Künste erdacht
habe/ damit er also den lautern Brun des
Worts Gottes mit seinem Vnflate ver-
gifftete/ vnd des einigen Gottes rechtschaffenen Dienst abschaffete/ vnd seinen Aberglauben vnnd betrug an desselben Stad
setzete.

Als Cains geschlechte gantz vnnd gar
durch die Sündflut ist ausgetilget worden/
sagt man das Zoroastres/ welcher nach der
Sündflut / zur zeit des Babylonischen
Königs Nini gelebt / vnnd wird für den
Gottlosen Buben den Cham / des from-
men vnd Gottfürchtigen Altuaters Noe
Son

Son gehalten / zusamtreiben des leidigen
Satans / die Schwartzkünstlerey wieder
von newen erfunden habe.

Von diesem Zoroastre schreibet der
heilige Augustinus im 21. Buch von der
Stad Gottes am 34. Cap. also : Man
sagt das Zoroastres alleine vnter allen
Menschen gelachet da er auff Erden kom=
men/ vnd solches vngeheurisch Lachen hat
jm nichts guts bedeutet.   Denn man
schreibet / das er die Schwartz oder Zeu=
berkünste erfunden / welche jm zwar auch
nicht zu dieses Lebens nichtigen vnd ver=
geblichen Wolfart wieder seine Feinde
haben dienen können/denn er als der Ba=
ctrianer König/von Nino der Assyrer Kö=
nig im Kriege vberwunden ist. Dieser Zo=
roastres hat einen Son gehabt mit namen
Misraim/ von welchem die Egypter/Ba-
bilonier vnd Persen jre Ankunfft haben /
welchen Son er diese von jm erfundene
Kunst sol geleret haben / daher gekommen
ist/ das die Egypter / Babilonier / vnnd
Persen in dieser Teuffelschen kunst vor al=
len andern Völckern fürtrefflich vnd sehr
geschickt gewesen sind.   Aber

Aber hie mus man des Satans affen=
werck vnd sehr listige vnd schedliche an=
schlege wol mercken / welcher / auff das er
den betrug vnd list / damit er das Mensch=
liche geschlechte in Verderben zubringen
sich vnterstehet / verbergen vnd heimlich
halten möge / ahmet er in fortpflantzung
seiner vermaledeieten betriegereien / wie der
Affe dem Menschen / Gotte nach. Denn
gleich wie Gott vber seine warhafftige
Wunder vnd Göttliche wercke / dadurch
die Warheit des Göttlichen Worts er=
weiset vnd beweret wird / fürnemlich drey
mittel gebrauchet / damit er den Menschen
den rechtschaffenen vnd heilsamen Dienst
vnd Ehre seines Namens beybringen mö=
ge / Das Wort nemlich / so in der Pro=
pheten vnd Apostel Schrifften begriffen
ist. Die Sacramenten / die Gott vns
befohlen hat / welche Sacrament sein
gleich wie sichtbarliche Predigten vnd Si=
gilln / nach dem Spruch des Augustini:
Das Sacrament ist ein sichtbarlichs
Wort. Vnd den Geist / dadurch Gott
in der Predigt des Euangelij / vnd gebrau=
che

che der Sacramenten krefftig ist / vnnd in
den Leuten wircket. Zu diesen dreyen wer=
den auch Gottselige Ceremonien oder
Kirchengeprenge gebrauchet / welche das
Predigampt zieren vnd erhalten helffen:
Also hat auch der Teuffel (welchen Pau=
lus einen Gott dieser Welt / das ist / aller
Vngleubigen nennet) vber seine falsche
wunderwerck / (sintemal er mit seinen ver=
blendungen offte machet / das man die für
Blind vnd Tod ansihet / welche doch in
der Warheit nicht blind noch tod sein / da=
mit er seine falsche Wunderwerck bestäti=
ge) sein Wort / Seine / (das ichs so nen=
nen möge) Sacramenten / vnnd seinen
Geist / durch welchen er in seinem Wort
vnd Sacramenten krefftig ist. Hierzu thut
er allerley äffische vnd erdichtete Geberden
vnd Fantaseien / als Ceremonien oder ge=
prenge seiner Kirchen.

Des Satans Wort ist zum theil ein
missbrauch Göttliches Worts / zum theil
desselben Göttlichen Worts verfelschung
durch nerrische zusetze / zum theil auch erdichtete vnuernemlich wort / welche auch
die

die Zeuberer selber nicht verstanden/ denen sie eine Krafft aus dem alleine zueigenen/ das sie geredt/ gehöret / oder geschrieben werden.

Des Satans Sacramenta vnd Ceremonien oder Kirchen geprenge sind nicht einerley art/ als Zeichungen/ Bilder/ Figuren/ vmbgehangene ding/ kurtze sprüche/ Hare/ Nägele / vnd alle andere ding / die man offt van den Zeuberern höret/ wenn sie Gott zur straffe bringt.

Des Satans Geist ist die bewegung/ damit er seine Diener auffmuntert/ vnnd in seinem Wort/ Sacramenten vnd Ceremonien oder Kirchen geprengen krefftig ist/ zum verderb derer so sich von jm wieder Gott lassen treiben/ vnd des Satans lügen höher achten denn Gottes Warheit. Vber diese vngehorsame Kinder hat der Teuffel seine macht vnnd Regiment / ob wol sein Vorhaben durch Gottes güte offt gehindert wird. Denn der Satan hat keine grössere lust/ denn das er den Menschen den Glauben der Göttlichen verheissungen aus dem Hertzen bringe/ vn Gottes
draw-

drawungen aus dem Sinn schlage / auff
das sie sich nicht fürchten / vnd er als ein
Gott in eines Engels gestalt die Men=
schen in allerley Aberglauben verteuffe /
welche mit jm entlich jämmerlich verder=
ben sollen / vnd man sol es gewisse dafür
halten / das der Satan vmb keiner andern
Vrsache willen den zeuberischen Aber=
glauben in die Welt ausgesprenget / denn
das er mit einem falschen vnd verkerten
Gottesdienste der Menschen sinne einne=
men vnd besitzen möge / damit sie der recht=
schaffen vnd heilsamen Gottesdienste nicht
fehig vnd selig / Er aber mit seinen engeln
alleine in ewige qual verworffen vnd ver=
stossen werde.

Warumb hat jm aber der Satan
solches vorgenommen? Als der Böse=
wicht wol gemerckt / das er den Menschen
allen Gottesdienst vnnd Glauben nicht
konte aus dem Sinne schlagen / (denn alle
Menschen sonderlich aber die Heiden oder
Vnchristen / wie Cicero bezeuget / wissen
von natur das ein Gottesdienst sein mus /
dadurch sie auch zuuerstehen geben / das
ein

ein Gott ſey / vnd das man denſelben ehren ſolle/ vnd dazu füret vnd weiſet ſie die
natur) hat er den negſten weg für die
hand genommen / vnd an ſtadt des recht-
ſchaffenen vnd wahrhafftigen einen fal-
ſchen vnd ſchedlichen Gottesdienſt herfür
gebracht / darunter alle zeuberiſche verfel-
ſchung Gottes Worts / vnd andere Teu-
feliſche betriegereien begriffen werden.

Hieraus iſt leichtlich zuuerſtehen/wer
die Schwartz oder Zeuberkünſte erfunden/
was dadurch geſuchet/ vnd was Chriſten-
leute dauon halten ſollen.

Die andere Frage.

Iſt von der Krafft vnd Wirckung des Zeuber-
ſchen Aberglaubens / Ob nemlich die Schwartz
oder Zeuberkünſtlere gewislich etwas ausrichten / vnd zu wegen bringen
können oder nicht ?

Man findet derer die Ja dazu ſagen /
man findet irer auch die Nein dazu ſagen.

Ich antworte ſchlecht vnd klar. Gott
würde in ſeinen Geboten die Schwartz
oder Zeuberkunſt nicht verbotten / oder die
jenigen/

jenigen/ so sie oben/ zu tödten nicht befohlen haben/ wenn dieselbe Kunst nichts ausrichten konte.   Denn der weise Gott kan keine Gebot von denē dingen geben/welche entweder nicht seind/oder nicht sein könnē. Aber dis sol also verstanden werden: Das die Zeuberer aus jren eigenen Krefften vnd mit Zeuberischen wercken gantz vnnd gar nichts vermögen zu schaffen.   Denn die Wort/ so erzelet werden/die Zeichen / Bilder / kurtze Sprüche/ Figuren / vnnd andere ding/derer sich die Zeuberer gebrauchen/haben keine krafft / sondern der Teuffel der bey den Menschen einschleichet/ damit er sie in jrrthumb verfüre / oder in einem jrrthume bestetige/ thut viel durch die Zeuberey/ es sey mit dem Teuffel ein ausdrücklich verbündnus gemacht oder nicht/ Vnd das thut er darumb / das er jrer endlich durch solchen betrug vnter m schein/als wenn Gott damit gedienet vnd zugefallen gethan würde / mechtig werden möge. Eine alte Zeuberinne achtet es nicht für Gottlos / wenn sie mit gewissen worten vnd Creutzen einen Menschen oder ander

C   Thier

Thier gesund machet / sondern sagt / sie
thue ein heilig Werck / da sie doch Gottes Wort schendlich misbrauchet / vnnd
mehlich ie lenger ie ferner von Gott abge-
leitet wird / bis sie endlich gentzlich verfüret
mit dem Teuffel ein ausdrücklich Ver-
bündnuß machet / daher denn komet / das
er bisweilen mit ir redet / vnd sich bisweilen
in dieser / bisweilen in einer andern gestalt
sehen lesset / sich auch bisweilen stellet / als
wenn er sich von ir streichen liesse / wenn
er nicht gethan was im befohlen / vnd kommet also aus einem geringem anfange ein
abschewlicher abfall von Gott.

Das aber die Wort / vnd Zeichen o-
der andere Zeuberische rüstungen keine
krafft haben / ist daraus offenbar. Die
Chaldeer / Araber / Egyptier / Indier vnd
andere viel Völcker / gebrauchen sich der
Schwartzkünste vnd Zeubereien / gleich
wie bey vns die sich dem Teuffel ergeben /
Nun ist kein zweiffel / das sie eine andere
art mit Worten vnd Sprüchen haben / als
die vnsern. Denn weil iene von Christo /
seinem Euangelio / vnnd Sacramenten
nicht

nichts gewuſt haben/iſt kein zweiffel / das
ſie eine andere art zu Zaubern/ andere Zeichen vnd Figuren gehabt haben/als vnſere
Zauberer/welche zu jrem misbrauche Gottes Wort/ Chriſti namen / die heiligen
Wort des Euangelij/ Waſſer damit man
geteufft hat / geſegend Brod nemen / vnd
damit jre geheimniſſen verrichten/dadurch
ſie auch an tag geben/ das ſie duppelt erger
ſind als die Chaldeer/ Egyptier/vnd andere Zauberer / die von Gott nichts wiſſen.
Denn die Chaldeer vnd andere/derer oben
gedacht / ruffen den Teuffel vnnd böſe
Geiſter an/ die vnſern aber miſßbrauchen
leſterlich zu jren Teuffeliſchen leichtfertig-
keiten Gottes Wort/ vnd Chriſti namen/
welches ich allhier mit wenig Exempeln erkleren wil. Die Chaldeer gebrauchen die
Coſcinomantia/das iſt/die Warſagekunſt/
dazu man ein Sieb mit einer Schere / als
des Satans Werckzeug name/wenn man
nach einem geſtolenem dinge fragte / Vnſere Zauberinnen gebrauchen auch eine ſolche *Coſcinomantia* / wenn man nach dem
was geſtoll iſt fragt/ob ſie wol ſolche wort

wie die Chaldeer in den Geheimnüssen irer
Warsagungen thun / nicht gebrauchen /
welches doch durchaus sein müste / wenn in
den gefasseten Worten oder Sprachen eine krafft were. Die Messpfaffen im
Bapsthumb gebrauchen an stad des Sie-
bes vnd der Schere den Psalter mit einem
Schlüssel / der an das Buch bey dem
60. Psalm gebunden wird / vnd legen derer / so desselbē Diebstals halber verdechtig
sind / namen einen nach dem andern in des
Schlüssels röre / Wenn dis so zugerichtet
ist / so wird der Psalm hergesagt / Aber
wenn man auff diese Wort des Psalms
kompt / (So du einen Dieb sahest lieffe-
stu mit jme) vnd das Buch reget sich als
denn / vnd fellet von derer die es halten Fin-
gern (denn es sind in diesem Spiele zum
wenigsten drey Personen die das Buch
halten) so zweifeln sie nicht / der ist der
Dieb welches name als denn in des schlüssels röre gelegt ist. Wer wolte diese Fantasey nicht auslachen? Wer siehet nicht
das der Psalm den sie her sagen viel einen
andern verstand hat? Derhalben kan ein
jeder

jeder hieraus leichtlich schliessen / das weder in den Zauberischen worten/noch auch
in denen dingen / so sie dazu nemen keine
krafft sey dasselbe auszurichten oder zu
thun / welches die Zauberer vorgeben.
Derhalben mus man bekennen/das es der
Satan thut/der jm die Leute dadurch vnterthan machet / wenn sie Gottes Wort
also zu jrem eigenen verderben misbrau-
chen.   Denn dem Teuffel ist nichts ange-
nemers / als das er die Menschen wider
Gottes Wort treiben möge / Sintemal
vnd gleich wie jm gar wol bewust ist / das
man ausserhalb dem rechtem gebrauche
des Worts Gottes die Seligkeit vergeblich suchet/also weis er auch das aller misbrauch Göttlichs Worts dem Menschen
schedlich vnd vor Gott ein grewel ist.

Der rechtschaffene gebrauch des
Worts Gottes stehet in diesen
vier dingen.

Das erste/ das es vns vnterrichte von
denen sachen/ so zur Seligkeit notwendig
sind/als von Gott / von rechten Gottes

dienſte / von der Sünde / von der Gnade
oder vergebung der Sünden/ von der buſ-
ſe/ von dem Geheimnus der Menſchwer-
dung vnd Leidens des HERRN/ Von
der Rechtfertigunge/ vnd andern ſo zu vnſer Seligkeit gehören.

Darnach das wir nach demſelbigen
Wort vnſer vertrawen auff Gott ſetzen.
den der erſte nutz des gelereten Worts iſt
das vertrawen oder der Glaube an Gott
nach dem Worte.

Darnach/ das wir durch das vertraw-
en vnd Glauben/ ſo wir aus dem Wort
gefaſt haben / auff die verheiſſene Güter
mit gedult erwarten.

Endlich das wir leben vnnd handeln
ſollen nach der Lehre des Worts. So wir
in ſolchem rechtem vnd warhafftigem gebrauche des Worts Gottes bis ans ende
beſtendig bleiben / ſo werden wir der ver-
heiſſung nach Selig: Wer aber dawider
thun/ vnd etwa das heilige Wort Gottes
anders als es Gott verordnet / brauchen
wird/ der verſuchet Gott / fellet aus der
Seligkeit / vnd ergibt ſich dem Teuffel/
der-

derhalben sol er nicht zweiffeln/er werde an
Gott am jüngsten oder letztem tage einen
ernsten Richter finden / da er nicht bey zeiten Busse thut.

Ein Münch mit namen Gotschalck
schreibet/ das er ein Weib gekant / welche
von wegen jrer sehr bösen Augen zu einem
jungen Münche gekommen / vnd jm jre
Augenwehe geklaget/ vnd jn / da er etwas
könte/ vmb hülffe gebeten / auch eine gute
verehrung zugesagt. Was thut der jünge
Münch? Ob er wol keinen rath gewust /
hat er doch der verhofften Verehrung halber jr zu helffen zugesagt. Hat derwegen
ein Pappir genomen / vnd darauff Figuren / welche er zuuor nie gesehen oder ge-
dacht/ gemalet / vnd darunter diese wort
mit grossen Buchstaben. geschrieben :
Der Teuffel reisse dir die Augen
aus/ vnd hoffiere dir in die Löcher.
Dis Pappir hat er zusammen gewickelt /
vnd in ein Tuch gewunden / vnnd dem
Weibe befohlen/ sie solte es so an jren hals
hengen. Das Weib thuts/vñ wird gesund.

E iiij   Nach

Nach einen oder zweien Jaren komet dem
Weibe eine lust an zu wissen/ was vff dem
Pappir geschrieben were / vnnd machets
auff / lesset jr Lesen/ wird zornig / vnnd
wirfft das Pappir weg / welches als es ge-
schehen/ komet jr das Augen wehe widerumb an. Wer sihet nicht/ das weder in den
Figuren/ noch in den geschriebenen Worten keine krafft gewesen? Woher ist denn
solches anders gekommen / denn vom
Teuffel/ der lust an solchem betruge gehabt.

Es sind noch Leute die da wissen/ was
mir für 24. Jaren on gefehrlich wiederfa-
ren. Ich lase meinen Discipeln die *Diale-
cticam* / vnd als ich von dem vnterscheid
der Fragen handelte / erzelete vnd erklerete
ich diese Vers / welche in den Schulen
vor zeiten gebreuchlich waren:

*Fecana, Cageti, Daphenes, Gebare, Gedaco.
Gebali stant, sed non stant phebas, hecas &
& hedas.*

Vnd sagte im Schertz / das solche Vers
wieder das Fieber gut weren / wenn ein
jedes Wort auff Brod geschrieben / vnd
dem

dem Krancken nach einander gegeben würz
de / das er teglich einen bissen Brods mit
einem darauff geschriebenen worte esse.
Was geschicht. Es war ein guter einfelti=
ger Mensche da / der den scherß nicht ver=
stand / sondern meinete es were ein ernst.
Als nun nach wenig Tagen sein Diener /
den er damals hatte / ein hart Fieber an
kam / gibt er dem Krancken den ersten tag
einen bissen solches Brods / darauff das
erste wort *Fecana* geschrieben war / vnnd
darnach nach ein ander biß auffs sechste
wort *Gebali* / da wardt der vom Feber ge=
sund/ vnd andere so derselben Arßney kraft
gesehen / gebrauchtens auch vnnd halffen
vielen. Als aber endlich der scherß offenbar
ward / wolte die Arßney nicht mehr helf=
fen. Was können wir hier anders sagen /
denn das der Teuffel die Menschen betro=
gen hat.

Endlich ist aus diesem klar vnd offen=
bar/ das der Warsagerinnen vnd Hexen
Zeubereien von sich selber keine krafft ha=
ben. Denn / wie Augustinus sagt / wenn
der Zeuberer sprüche an den tag kommen /

C v   so wollen

so wollen sie nichts mehr helffen / so man
sie gleich her saget. Denn der Teuffel kan
nicht leiden / das seine Geheimnussen offenbar werden / damit verstendige Leute
nicht mercken wie schlimme Possen es
sind / vnd er mit seiner Kunst nicht in ver-
achtung komme. Daher komet es auch /
das er zu seinen sachen lieber Weiber als
Mans Personen gebrauchet / denn die
Weibes Personen als Eua lassen sich
leichtlicher betriegen.

Dieweil denn gemeiniglich die Leute /
so die ware Religion oder Gottes dienst
nicht gelernt vnd nicht Christen sind / es
dafür halten / das Schwartz oder Zeuber
künste natürlich vnnd von sich selber niemands schaden / sondern das ein jeder mit
seinen gedancken sich selber bezaubere / dieselben irren gar sehre. Denn es folget nicht
wenn man sagt: Die Schwartz oder Zeuberkünste sind von sich selber nicht schedlich / darumb sind sie gar nicht sched lich.
Denn ob sie wol jrer eigen natur nach vnd
von sich selber niemands schaden / wie wir
bekennen müssen / so sind sie doch anders
woher

woher schedlich/ nemlich/durch wirckunge
des Satans/ der in seinen Künsten mech=
tig ist die Leute zubetören / in massen dro=
ben erwiesen ist / Derwegen ist auch nicht
war/ das sie einwerffen vnd sagen/Ein ie=
der bezeubere sich selber mit seinen eigenen
gedancken/oder einbilden.

Die dritte Frage.

Ob man möge Zeuberey mit Zeuberey vertrei=
ben? das ist/ Ob den Zeuberern erlaubet sey mit
irer Kunst die Kranckheiten so von Zeuberey her=
kommen/ oder damit gemachet sind durch
Zeuberey heilen oder vertreiben/
oder nicht?

Auff diese Frage antworte ich kürtzlich.
Es ist gleich so grosse Sünde einem durch
Zeuberkunst schaden/oder heilen vnd hülf=
fe thun. Denn es ist gleich so wenig ver=
gönnet / durch des Teuffels hülffe einem
guts erzeigen/ als böses thun/ du thust wel=
ches du wollest / so kerestu dich von Gott
⚫:/ vnd begibst dich zum Teuffel.

Aber diesem ist zu wieder was der
Keyser *Constantinus* in seinem Gesetze
im *Codice* mit folgenden worten erkandt
hat/

hat / da er spricht : Derer Kunst sol ge-
strafft / vnd mit ernst billich gerochen werden / welche vberwunden werden / das sie
mit Zeuberkunst wider der Menschen wolfart etwas fürgenommen / oder züchtige
Hertzen zur Vnzucht bewegt haben / Was
aber zur Artzney des Menschlichen lebens
erdacht ist sol vngestraffet bleiben. In diesen worten machet der Keyser einen vnterscheid zwischen den Zeuberern / die mit irer
Kunst schaden thun / vnd denen / welche
dafür geachtet werden / das sie mit Zeuberischer kunst den Menschen heiffen jene
verdammet er / diese aber entschüldigt er als
die keine straffe verdienen.

Ich antworte aber erstlich auff den
nutz / welchen der Keyser anzeucht. Das
ist gewisse / das der Teuffel ein Feind des
Menschlichen geschlechts ist / der nichts
anders denn der Menschen verderben suchet / vnnd er als einer der zu allem bösen
verschlagen vnd abgefeimet ist / betreuget
die Menschen vielfeltig vnterm schein / als
wolte er inen guts erzeigen / vnd verleitet
sie von Gotte. Das war sein erster an-
schlag

schlag/ vnd wird auch der letzte sein. Hat
er nicht vnser erste Eltern (Adam vnnd
Euam) vnterm schein / das er jnen gu=
tes riete / betrogen / Er sagte / jr werdet
Gott gleich sein/ gutes vnd böses erkennen
vnd vnterscheiden können. Aber der aus=
gang hat wol beweiset / was das für ein
frommen gewesen. Also sol man von allen
Wercken des Teuffels halten / vnter welchen Wercken alles zu rechnen ist / was
durch Zeuberkünste geschicht / sie mögen
für gut oder böse angesehen werden. Alle
Werck des Teuffels sind stets böse / vnnd
haben einen bösen ausgang/ sie mögen den
nerrischen Leuten scheinen wie sie wollen.
Er hilfft bisweilen dem Leibe / aber die
Seele/ welche viel edler ist denn der Leib /
vergifftet er vnter des damit. Ist nun die
Seel köstlicher denn der Leib/ so wird war=
lich der Seelen Kranckheit schedlicher sein
als des Leibes / So hilfft der Teuffel
auch kein mahl dem Leibe/ denn zu beyder/
das ist / der Seelen vnd Leibes verderben.
Wenn der Keyser solches bedacht hette /
er hette sich durch den scheinenden oder
                                         glen-

glentzenden nutz oder frommen so nicht betriegen lassen.

Nun wollen wir auch das Gesetze an
im selber ansehen/vnd betrachten / ob des
Keysers meinung auch wert sey/das sie ein
Gesetz solle genand werden oder nicht.
Ist sie billich / mag sie wol ein Gesetz genand werden / Ist sie aber vnbillich vnnd
vnrecht/wer wil sie als denn des namens
eines Gesetzes wert achten. Wolan damit
wir nicht irren/ so wollen wir sehen / was
dazu gehöre / das etwas ein Gesetz mag
genant werden.

Es sind zwey ding die ein billich Gesetz
machen / Eine rechte vernunfft oder verstand / vnd eine gebürende Obrigkeit oder
hoheit.   Die rechte vernunfft oder verstand stehet sonderlich in Menschen Gesetzen auff zweien dingen / nemlich auff den
grund oder vrsprung/vnd auff dem nutz o-
der endliche meinung des Gesetzes. *Cicero*
begreiffet beydes / da er ein Gesetz also be-
schreibet: Ein Gesetz ist nichts anders denn
eine rechte vnd von Gott hergeflossene vernunfft oder verstand / welche gebeut was
ehrlich ist/vnd verbeut was vnehrlich ist.

                                  Der

Der Grund oder vrsprung mus aus dem rechten quelle der Gesetzen genomen werden/welcher ein einiger alleine ist/nemlich/das ewige Gesetz Gottes/so da gebeut das man Gott vnd die Menschen in alle Ewigkeit lieben solle.

Der Nutz eines Gesetzes ist zweierley der Vntere vnd der Vorneme. Der erste welcher ist der frommen vnd wolfart des Volcks/ sol sich nach dem andern/das ist/nach dem Vornemen / welcher ist Gottes ehre richten / vnd auff denselben sehen. Denn so ein Gesetze auff den nicht sihet / so kan es nichte in billich Gesetz sein. Des Keysers *Constantini* obgedachts Gesetz aber von den zeuberischen Artzneien./ feilet der rechten vernunfft. Denn es ist wieder das ewige Gesetz Gottes / daraus es sonst solte genommen vnd geflossen sein. Denn es ist öffentlich wieder die liebe Gottes / welche erfodert / das man alle heilsame vnd gute ding von Gott bitten/ vnd durch geordente mittel erwarten solle. Es ist auch wider beyde nütze des Gesetze / neimlich / wider den Vntern vnd Obern oder Vornemen. Denn

Denn der nutz oder frommen / so sich
lesset ansehen/ als keme er einem oder dem
andern zu gute/ kan kein frommen genant
werden/da wir anders das gantze Volck/
oder die gantze Gemeine der Menschen
ansehen/ die auff ein Recht vnd auff einen
gemeinen nutz sich gestellet vnd zusammen
begeben / Denn viel werden durch solchs
ergernis verletzt vnd verfüret / das sie von
Gott abfallen/ daher auch komet/das von
dem Obern oder Vornemen nutze abge-
wichen / vnd wieder denselben gehandelt
wird.

Da einer aber einwerffen vnd von den
Priuilegien oder sonderbaren Begnadungen sagen wolte / das dieselben mit deme
was kurtz zuuor von dem gemeinen nutze
gesagt ist/ nicht vber ein stimmen/vnd deshalben keinen rechtmessigen Grund haben müsten.

Antwort. Es ist einer gantzen
Gemeinen nutz vnd frommen / wenn die-
jenigen/ so mit Tugend begabt/ vnd sich
ehrlich vnd tapffer in sachen verhalten haben / ire sonderliche belohnung vnd zeugnussen

nuſſen von den Regenten bekomen / da=
mit auch andere angereitzet werden mö=
gen ſich vmb eine Gemeine oder das
Vaterland wol verdient zu machen/vnd
daher kommen die Priuilegien oder ſon-
derbare ſbegnadungen / damit gewiſſe
Leute vnd woluerdientẽ Perſonen begna=
det werden/ welche Priuilegien als denn
erſt billich ſind / wenn ſie one verletzung
der andern vergönnet vnd gegeben wer=
den/ vnd denen widerfaren die es verdie=
net haben/ vnd ſolches aus der Gerech=
tigkeit herfleuſſt/ welche einem jeden gibt
was jm gebürt. Wenn ſolches geſchicht/
ſo beſtetigen die Priuilegien oder ſonder-
bare begnadungen ,dieſe meinung viel
mehr/denn das ſie darwider ſein ſolten.

Bisher iſt von dem Nutze geſagt/
Nun wollen wir von der gebürenden ho=
heit gewalt oder Obrigkeit ſagen. Denn
das ein billich recht ſol geſetzt werden/ge=
höret dazu auch eine rechte Obrigkeit /
welche iſt der rechten Obrigkeit herr-
ſchafft oder gewalt vber jre Vntertha=
nen. Dieſe gewalt / ob ſie gleich ſtets
D   von

von wegen der Vnterthanen billich oder
rechtmessig ist / wird sie doch vnrecht=
messig / wenn sie sich Gottes Gewalt
nicht vnterwirfft. Denn gleich wie
Menschliche gewalt endlich ist / vnd jre
gewisse ziel vnd maß hat/ also ist es auch
billich / das sie sich der vnendlichen Ge=
walt/ die Gottes alleine ist/vnterwerffe/
von welcher so die Menschliche gewalt
abweichet/ wird sie durch den misbrauch
eine vnbilliche oder vnrechtmessige ge=
walt oder herrschafft. Da nu ein Keyser
sein gesetz Gotte nicht vnterwirfft/so ver=
leurt er seine Gewalt oder herrschafft/die
er haben sol/ wie aus obgedachtem offen=
bar ist. Vnd hieraus folget das dis Ge=
setz des Keysers vnbillich/ vnd nicht wert
ist/das es ein Gesetz solle genant werden.

Hie möchte je=mand sagen/der Apo=
stel Paulus befihlet/das man nicht alleine
den guten Obrigkeiten oder herrschaften/
sondern auch dē bösen solle gehorsam sein
vnd das sind one zweiffel böse Obrigkei=
ten/welche vnbilliche gesetze machen/vnd
den vnterthanen aufflegen.

Antwort. Es ist vnterschiedliche
vnbilligkeit der Gesetze. Denn etliche ge=

ſetz ſind vnbillich vnd Gottlos zugleich.
Vnbillich ſind ſie/weil ſie nicht aus dem
grunde gerechter Geſetze kommen oder
herfliſſen/ als / wenn ſie nicht von dem
ewigem Geſetze Gottes komen/ auch da=
durch nicht des gemeinen Vaterlands/
ſondern eines oder etlicher wenigen nutz
mit vieler Leute ſchaden geſchaffet vnnd
geſuchet wird. Gottlos aber ſind die /
welche die jenigen ſo darnach thun Gott=
los machen. Ein ſolchs geſetz oder gebot
iſt des Babyloniſchen Königs Nabuch o=
donoſers geweſen/ welcher ein geſetz oder
gebot hatte ausgehen laſſen/das man ein
auffgerichtet Bilde ſolte anbeten. Item
das geſetze/das man binnen 30.tagen von
Gotte nichts bitten ſolte.Dieſelben gebot
ſind Gottlos vnd vnbillich geweſen. Vn=
billich zwar/weil ſie wider den grund vnd
vrſprung rechtmeſsiger geſetze waren.
Gottlos aber / dieweil alle die ſo den=
ſelben Geſetzen gehorcheten dadurch
Gottlos worden ſind. Darumb denn
auch die drey Menner ſich lieber haben
wollen in den fewrigen Ofen werffen
laſſen/ denn des Königes bilde anbeten.

Vnnd Daniel hat lieber wollen in die Lewen grube geworffen werden / denn dem Gottlosen gebot gehorsam sein/vnd von Gott binnen 30. tagen nichts bitten. Solches gelichters sind gemeiniglich alle Bäbstische Gesetze von anbetunge der Bilder / von dem Abgotte der Messe / von anruffunge der Heiligen / vnd von vielen andern diengen. Deshalben auch etliche Fürsten zu loben sind/ welche dem Bapste in solchen vnbillichen vnd Gottlosen Gesetzen nicht haben wollen mehr gehorsam sein. Vnd die thun noch heutes tages ein heilig Werck / welche lieber sterben/ denn der Tyrannen oder Wüteriche Gottlosen geboten gehorsam sein. Vnd des öbersten Gesetzgebers Gottes gebot entbindet / vnd machet vns frey von solcher Gesetze gehorsam/nach dem Spruche: Man mus Gotte mehr gehorsam sein als den Menschen: Derwegen ist auch besser sterben denn solchen gebotten oder gesetzen folgen.

Etliche Gesetze sind Vnbilliche vnd nicht Gottlose. Vnbilliche / denn sie
komen

komen nicht aus der rechten vernunft/
Wie kurtz zuuor gesagt ist.

Gotloß seindt sie nicht/dan man
kan jnen gehorsamē vnd doch nichtGot-
los dardurch werden. Ein solches gesetze
ist des Pharaonis gewesen/der den Jü-
dischen volcke viele beschwerungen/vnd
vntregliche arbeit aufflegete/ dieser art
seindt vieler Tyrannen gesetze/ Welche
mit newen beschwerung one billiche noth
die armen vnterthane bedrengen. Diesen
gesetzen sollen die Gotfurchtigen gehorsam sein/erstlich Gottes Gebots halben/
Welches befielet auch den harten herr-
schaften zugehorsamen darnach auch
gemeines nutz als friedens vnd einigkeit
halben vnter den Menschen. Dahere
auch S. Paulus wil das wir sollen gehorsamen nicht alleine aus furchte fur
der Obrikeit zorn/sondern auch des ge-
wissens halben.

Vnd dieß habe ich etwas weit-
leufftiger von dieser frage erkleret/ das
man verstehen konne/was von der obrikeit gesetzen zuhalten/vnd wie ferne man
jnen gehorchen solle.   Von

Von der vierdten Frage.

Ob die zu entschüldigen sind/welche die Zauber/
kunst nicht wissen/ aber doch bey den Zauberern
hülffe suchen / das sie von den Kranckheiten /
welche jnen / wie sie meinen / durch Zau/
berey zugefügt sind/ mögen er/
rettet werden ?

Welche diese zu entschüldigen ach/
ten/ schliessen oder schertzen viel mehr al/
so/ vnd betriegen beyde sich vnnd andere
jämmerlich/ vnd leiten sie von Gott abe.
So sprechen sie/ Leibes gesundheit eine
Gabe Gottes ist/ vnd ein gut ding/ war/
umb solte man / wenn sie verloren/ sie
nicht durch allerley mittel wider bringen?
Ist sie nun durch Teuffelskunst genom/
men / warumb solte nicht erlaubet sein/
dieselbe durch Teuffels kunst wider zu
bringen?

Denen welche solche narrenteidingen
vorgeben / Antwortet der heilige Augu/
stinus mit diesen Worten : Wer ohne
den Seligmacher gesundheit haben wil/
vnd ohne die rechte Weisheit gedencket
klug zu werden / der wird nicht gesund/
son/

sondern kranck sein / Er wird in Kranck=
heit mühseligem leben/vnd in schedliche
Blindheit nerrisch vnd töricht bleiben /
vnd derhalben ist aller vleis vnd hülffe/
so bey Zeuberkunsten gesuchet wird / bil=
licher der Tod denn das Leben zu nen=
nen.

Dis sagt Augustinus / welches mei=
nunge die Bäpstische Rechtlerer dem ob=
gedachtem Gesetz des Constantini recht
entgegen halten / nicht von wegen der
Bäpstischen hoheit / sondern der augen=
scheinlichen Warheit halber. Wir
wollen aber Paulum hörē/welcher durch
den Geist Gottes zun Rö. 1.Cap.spricht:
Die sind des todes wert/ nicht alleine die
böses thun / sondern auch die jnen ge=
fallen lassen / was die bösen thun.

Nun frage ich / ob jemand von den
Zeuberern könne hülffe begeren / wenn
er jre ding jm nicht gefallen lesset ? denn
wie kan er sie vmb raht fragen / vnnd jre
kunst nicht billigen ? Derwegen ist der
nach des Pauli lehre gleich so tieff in der
gottlosigkeit vn̄ derselben straffe bey Gott
                              D iiij   der

der Zeuberkunst vbet / vnnd der jm ba=
durch wil helffen laſſen.

Wolteſtu aber ſagen / ſo es Sünde
iſt bey den Zeuberern die verlorne geſund=
heit wider ſuchen/ſo mus es trawen nicht
ſo groſſe Sünde ſein / darumb wenn
man wider zur geſundheit gekommen /
kan man ſie mit allmoſen vnnd andern
guten Wercken verſünen ?   So ant=
worte ich erſtlich/Man mus die Sünde
nicht nach vnſerm verſtande / ſondern
nach Gottes Wort vrteilen.

Dieweil denn Gottes Wort keinen
vnterſcheid zwiſchen dem machet der bö=
ſes thut/vnd dem der es jm gefallen leſſet/
ſo ſollen wir auch keinen vnterſcheid zwi=
ſchen jnen machen. Hierüber ſagt Got=
tes Geſetz ausdrücklich im dritten Buch
Moſe am 20.Cap. Wider die Seel/wel=
che ſich zu den Zeuberern vnd Warſa=
gern wird halten / vnd mit jnen wird ge=
hüret (dz iſt/Abgötterey getrieben)haben
wil ich mein Angeſichte ſetzen / vnnd ſie
ausrotten aus dem Volcke. Dieſen be=
fehl Gottes ſol man höher achten als die
nerriſche

nerrische vernunfft aller Menschen.
Denn Gott sagt öffentlich / das er auff
beyde zürne/vnd das er beyde/das ist/die
Zeuberer selber / vnnd die jenigen so sich
jrer kunst gebrauchen/ aus seinem Volck
vertilgen wolle/durch die Obrigkeit/nem-
lich/ob sichs wol offte zutregt / das nach
dem sprichwort die grossen Diebe in gülden Ketten prangen / vnd die kleinen an
eisern Ketten hangen.

Was sie darnach von der Busse herfür bringen/vnd von den Allmosen vnd
andern guten Wercken sagen / damit sie
die Sünde/so ja darmit einige geschehen
sein solte/ verbüssen wollen/ solches wird
sehr nerrisch vnd vnchristlich gesagt.

Nerrisch zwar / weil sie jnen vornemen das gewislich zu thun / welches in
jrer macht nicht stehet / dieweil sie vnge-
wisse sind wie lange sie leben / vnd ob sie
von Gott die gnade / busse zuerlangen
haben werden / sonderlich weil viel wis-
sentlich vnd vorsetzlich sündigen/die nim-
mermehr wider zur Busse kommen/ wie
Saul der die Warsagerinne fragte/son-
D v   dern

dern mit verzweiffelunge vnnd ewigem
Tode vbereilet werden/ So ist das auch
nerrisch/das man keinen vnterscheid machet zwischen dem leiblichen gebrechen/
wenn er gleich nach Menschlicher vernunfft der aller beschwerlichste sein möch-
te/vnd zwischen dem Geistlichen Aussa-
tze der Seelen. Denn dieweil du dich
bemühest des Leibes gebrechen durch zauberey abzuschaffen/vnd weg zu bringen/
vnter des zeuchstu dir einen Geistlichen
aussatz der Seelen zu / welche narrheit
Cicero der doch ein Heide oder Vnchri-
ste gewesen/straffet / da er sagt: So viel
als dir herrligkeit der Seelen höher oder
köstlicher ist als des Leibes / so viel be-
schwerlicher sind die schäden / so der
Seelen widerfaren/als die dem Leibe zugefügt werden. Vnchristlich aber/ das
sie Gott böslich versuchen / als wenn sie
inen in iren Henden hetten/ das er mit
inen es sey jm lieb oder leid zu frieden
sein/wenn sie sündigen / vnnd wider zu
gnaden nemen müste / wenn sie nicht
mehr lust zu sündigen haben. Denn es
ist

ist gleich als wenn sie zu Gotte sagten:
Halt die Backe her vnd nim eine Maul-
schelle / ich wil dich bald mit einem Kuf-
se wider versünen.

Damit sich aber niemand mit alter
Weiber losen geschwetzen verfüren lasse / Wolan / so las vns sehen wie viel
hesslicher Bubenstücke bey denen sich
finden / welche hülffe oder Artzney bey
den Zauberern / das ist / bey des Teuffel
Dienerin suchen. (Denn man sol es
dafür nicht achten / das nur ein einig
Bubenstücke hierinnen stecke / weil kein
Bubenstücke alleine sein kan.) Denn
mit solcher jrer that vertilgen sie den
Glauben: Verlassen die liebe Gottes.
Verachten Gottes ordnunge. Legen die
furcht Gottes abe. Zweiffeln an Gottes Verheissunge : vnnd verwerffen die
Gedult / welche den Christen alleine zu-
stehet.

Solle einer nicht lieber sterben wollen / denn so grosse Sünden auff sich la-
den?

Er

Es solte billich sein/ wenn wir einen vnterscheid zwischen gutes vnd böses mach-
en könten/ vnd es für gewisse hielten/das
ein Gott sey der auff die Sünden achtung gibt/vnd dieselben straffet.

Aber damit was vorgesetzt nicht dafür
gehalten werde/ als sey es nur erdacht/
die Leute damit zu schrecken / wie man
die Kinder mit larnen zu schrecken pflegt/
so wollen wir es mit heiliger Schrifft beweren.

Zum ersten/sage ich/wird durch solche böse that der Glaube vertilget. Denn
des Glaubens eigene art vnd natur ist in
Vnglück auff Gott alleine nach seinem
Worte trawen. Dieser Glaube kan neben jm solche leichtfertige Künste nicht
leiden/ darumb sagt der 31. Psalm: Ich
hasse die/ so eitele oder lose Lehren in acht
haben / Ich aber setz mein vertrawen
auff Gott. In diesem Spruche setzet
Dauid die eitele oder lose leren (dadurch
er alle verworffene künste vnd vnordent-
liche mittel verstehet/ auff welche die/ so
Gott nicht kennen / sich in jren Widerwertigkeit

wertigkeiten begeben / dem vertrawen
auff Gott zu entgegen / vnnd gibt damit
zuuerstehen / das diese zwey bey einem
Menschen nicht sein können. Dieweil
denn des Glaubens natürliche eigen=
schafft ist / das er auff Gott alleine sein
vertrawen setzet / so ist ja kund vñ offen=
bar / das die so wider Gott vngebürliche
mittel suchen / den Glauben verlassen.
Denn kein ding kan ohne seine natürli=
che eigenschafften bestehen.

Weiter / so das eine Glaubens rede
ist / wie es denn ist: In meiner not rieff
ich den HERRN an: So komets in
Warheit aus dem Glauben nicht / wenn
einer in seinen nöten bey den Zeuberin=
nen hülffe suchet / sondern es komet viel
mehr aus einer Heidnischen verzweiffe=
lunge an Gott. Der nun dieses thut /
der kan sich wol des Christen Glaubens
rühmen / wie viel andere Buben thun /
Er kan gleuben das war sey was von
Gott geschrieben ist / wie auch alle Teu=
fel mit zittern gleuben / Er kan sich eines
scheins vnd trawmes des Glaubens ver=
nemen

nennen laſſen wie die heuchler auch thun/
Aber das lebendige vertrawe im Hertzen/
Welches Gottes Kinder alleine haben/
dardurch ſie dem einigen Chriſto jrem
heilande anhangē/ iſt durch des Teuffels
ſchweis vnd vnflat erloſchen vnd vertilget
Bezeuget nicht Paulus/ das man ſchiff=
bruch am glauben leide/ wenn das gewiſ=
ſen weg iſt/ oder wan einer kein gut ge=
wiſſen mehr hat? Do er ſagt/ vbe eine
gute Ritterſchafft/ behalt den Glauben/
vnd eln gut gewiſſen/ welches etliche ver=
loren / vnnd am glauben Schiffbruch
gelitten haben. Wie kan nun einer ein
gut gewiſſen haben / der Gott verleſ=
ſet/ vnnd in ſeinen nöten zu Gottes
feind fellet. Dieſen menſchen gehets wie
einem Schiffe im Meere. Wan ein
Schiff ſeinen ſteurman verloren hat / ſo
wirdt es von dem Waſſer hin vnd wider
getrieben/ biß es gentzlich vntergehet/ Al=
ſo gehets auch zu / wan ein Menſch den
Glauben verloren oder faren laſſen/ ſo
wird er vom Teufel getrieben/ bis er vmb
ſeine ſeligkeit komet. Derwegen folget/
vnd

vnd iſt zu ſchlieſſen / das er wider den le=
bendigen an Gott glauben iſt/wenn einer
in ſeiner Kranckheit / die ſey welche ſie
wolle/am Leibe oder an der Seelen / bey
den Zeuberinnen hülffe ſuchet.

Darnach ſage ich / das durch hülffe
ſuchen bey den zeuberinnen die liebe Gottes verla ſſen wird.   Denn wie kan einer
Gott lieben der da liebet vnd den anhan-
get/welchem vnſer Herrn Gott feind iſt？
Darumb ſagt Dauid: Die jr den Herrn
liebet/ haſſet das böſe.   Darumb iſt vn-
müglich/das einer zugleich Gott/vñ das
böſe welchem Gott feind iſt/ liebe. Wie
kan der Gott lieben der ſeinen befehl ver=
achtet？ Der HERR ſpricht/ ſo jr mich
lieb habet/ſo haltet meine Gebot oder be=
fehl. Nu befihlet Gott das man in nöten
bey jm alleine hülffe ſuchē ſolle vnd nicht
bey den Zeuberern. Er ſagt: Ruffe mich
an in der not/vnd ich wil dich herrauſſer
reiſſen. Lieber wie kan der Gott lieb ha=
ben der dieſen befehl verachtet ？ Mit
dem Munde mag er jhu wol lieben /
                                    aber

aber nicht mit dem Hertzen. Denn ein ei-
niges Hertz kan nicht zugleich Gott in
sich haben / vnd den Teuffel / welcher
durch die Zeuberinnen krefftig ist.

Zum dritten sage ich/das sie die Gottesfurcht durch solche Gotteslesterische
verwegene that faren lassen / vnnd von
sich treiben. Denn wer Gott nicht als
ein Knecht / sondern als ein Kind fürch-
tet/ der fürchtet jn aus liebe / er schewet
sich für jm aus trewen vnnd züchtigen
Hertzen/ Er hütet sich das er jm nicht zu
wider sey/ das ist / Er lesset was Gott
verbotten/vnd hasset was jm zu wider ist/
thut was er befihlet / vnd solches thut er
nicht aus zwang/sondern mit lust. Von
der Ehrerbietunge sagt die heilige schrift
im Propheten Maleachi am 1. Cap. Der
Son ehret seinen Vater/ vnd der knecht
seinē Herrn/bin ich nun ewr Vater/wo
ist denn meine ehre? Vnd der Engel
sagt in der Offenbarunge Johannis am
14. Cap. Fürchtet den HERRN/vnd
gebet jm die ehre/ denn es wird die stunde
seines Gerichts kommen. Das man jn
nicht

nicht erzürnen solle saget Salomon :
Der den HERRN fürchtet hutet sich
vor dem bösen. Vnd Syrach/die furcht
des HERRN vertreibet die Sünde.
Das man das thun solle was Gott befohlen hat/ sagt Dauid da er spricht:
Selig ist der Man der den HERRN
fürchtet / Er wird seine Gebot oder befehl gerne thun. Syrach : Die den
HERRN fürchten / werden dem
nach trachten was jm gefellet. Wie
fürchten nun Gott die/so bey den Zeuberinnen hülffe suchen jre gesundheit wider
zu erlangen/ weil sie jm nicht gebürende
ehre erzeigen/ weil sie sich verbotener vnd
von Gott verworffener mittel gebrauchen / weil sie wider Gottes befehl wol-
bedechtiglich vnd aus freyen willen als
vnsinnige dahin fallen?

Zum vierden sage ich/ das die/ welche durch Zeuber artzney wollen geholffen werden/ die ordnunge / so von Gott
gesetzt ist / verachten. In der ordnunge
aber so Gott zu widerbringung der ge-
E   sundheit

sundheit geschaffen / sind viererley nach-
einander in acht zu haben.

Das Erste/das der / welcher mit ei-
nigerley vnglück geplagt oder belegt ist /
die vrsach solches Vnglücks nicht ausser/
sondern in jm selber suche.   Dis ist aber
die vrsache.   Die Gemeine / oder alle
Menschen betreffende zwar / ist die Erb-
sünde / welcher wegen alle Menschen
mancherley Kranckheiten vnd trübsaln
vnterworffen sind / vnnd von Gott ge-
strafft werden/wie Paulus zum Röm.am
1.Cap. lehret / da er spricht: Das Gerichte oder die straffe Gottes gehet nach
dem gerechten Gerichte Gottes vber die
Menschen so gesündiget haben. Es haben aber alle Menschen gesündiget. Die
einfallend oder sonderbare vrsache aber /
ist eines jeden sonderlicher vnd vielfelti-
ger fall oder Sünde / welche von Gott
gestraffet wird / damit der so gesündiget
sich bessern möge.

Das ander ist/ das der / welchem es
vbel gehet/ dem seinem theil helffen lasse/
welches

welches der begangenen Sünde vrsache
gewesen / das ist / der Seelen.   Solche
Artzney wird aber nirgend gefunden /
denn in Gottes/ welcher der höchste artzt
ist / Apotheke.   Was ist das für eine
Apotheke? Das Wort Gottes/ so vns
in den Prophetischen vnd Apostolischen
Schrifften vorgetragen wird. In dieser
Apotheke sitzt der Artzt Jesus Christus.
Die Artzney aber die er der Seelen wunden aufflegt/ ist eine warhafftige Busse/
dadurch der gestraffte Mensch jm die
Sünde lesset leid sein / vnd sich zu dem
Gnadenthron wendet / bittende vergebung der Sünden in warem vertrawen
auff den Mitler.   Welches da er mit
ernste thun wird / so wird er on allen
zweiffel befinden / das seiner Seelen geholffen / vnnd derselben Wunden durch
das thewre Blut Christi geheilet worden sind.

Das dritte ist / das der Krancke /
wenn die Wunden vnnd Kranckheiten
seiner Seelen geheilet /   zu demselben

Artzt

Artzten fliehe / vnd in bitte mit sonderer bescheidenheit / auff diese meinunge aus gewissen auff in vertrawen: Heile mich HERR / so mirs gut ist / wo nicht so gib deinem Namen ehre / vnnd lindere meine schmertzen nach deiner Gerechtigkeit / vnd Väterlichen Barmhertzigkeit / da du aber solches auch nicht für gut ansihest / so nim deine Barmhertzigkeit nicht von mir / sondern gib deine Gnade das ich mit bestendigem Hertzen dis tragen möge / welches du mir zum Zawme eingelegt hast / das ich wider dich nicht frech vnd vngehorsam / vnnd verdampt werde.

Das vierde ist / das der Krancke / wenn er sich also geschicket / vnd vergebung seiner Sünden erlangt hat / sich nach Artzneien / so von Gott geordnet sind / vmbsehe. Denn wie Gott der aller gütigste ist / also hat er dreyerley vnterschiedene dinge den Menschen zu gute geschaffen.

Das erste one welches wir nicht leben können / das ist / was zur Speise / vnd

vnd Kleidunge gehöret / vnd daſſelbe in
ſolcher menge vnd mannigfaltigkeit/das
es gnug iſt / vnd einer die wal haben kön=
ne. So einer aber bisweilen hieran
mangel leidet / das geſchicht zur Straffe
der Vndanckbarkeit wider Gott / oder
iſt ein zeichen ſeiner tregheit / oder ver=
thueligkeit/ oder eine Probe ſeines glau=
bens.

Darnach weil dis Leben labſals be=
nötigt iſt / damit der Menſche nicht von
ſtetiger arbeit vergehe / hat Gott etwas
zur luſt dienende geſchaffen / welches
Chriſten in der furcht Gottes vnd meſ=
ſiglich genieſſen mögen.

Zum dritten / weil dis Leben vielen
Kranckheiten vnterworffen iſt / hat es
Gott hierin an ſeinem gaben den Men=
ſchen auch nicht wollen mangeln laſſen.
Hat derwegen edle Steine/Kreuter/vnd
andere dinge geſchaffen / ſo zur Artzney
des Menſchlichen Leibes dienen / vnnd
welche vnter denen für gifftig geachtet
werden/ die ſind geſund / wenn man ſie
recht gebrauchet / gebrauchet man ſie
aber

aber nicht / so sind sie schedlich. Denn
alle Gottes geschöpffe sind gut vnnd
schedlich nach dem sie einer recht oder vnrecht gebrauchet. Darumb gebeut auch
Gott den Ärtzten zu ehren. Denn so sagt
der weise Syrach in 38. Cap. Ehre den
Artzt mit gebürender ehre der not halben / (nemlich mit ehrerbietung / dadurch
wir Gottes gaben in dem Artzt erkennen / vnd mit verehrunge / damit wir dem
Artzte seine mühe belohnen) denn der
HERR hat jn geschaffen. Item /
Der HERR hat die Artzney aus der
Erde geschaffen / vnnd ein verstendig
Mensch verachtet sie nicht. Wenn nun
die Artzney auff Gott / als das sie von jm
herkomet vnd geschaffen / auch zugebrau-
chen befohlen ist / gezogen vnd betrachtet
wird / so gibt man jr jre rechte ehre. Daher sagt auch Homerus recht: Das der
Artzt vor vielen andern zu ehren sey.
Wer nu rechtschaffen Gott fürchtet /
der gebrauchet sich ordentlich / vnnd zu
rechter zeit diesen Göttlichen gaben / so
jm nun dadurch geholffen wird / so
dancke

dancke er Gotte / wo nicht / so zeihe er
den Artzten nicht / was er durch seine eigene schuld gehindert hat / sondern sage
mit dem sehre heiligem Job: Ob mich
Gott gleich tödtet / wil ich doch auff jn
trawen. Vnd er sol bedencken / das
des Leibes kranckheit der Seelen artzney
sey / dadurch dann jm nach des Poeten
Spruch leichte wird was er gerne leidet.
Wer aber diese masse nicht helt / sondern
ausserhalb dieser ordnunge verworffene
mittel gebrauchet / der verachtet Gottes
ordnunge / vnd ist zeitlicher vnnd ewiger
straffen wirdig.

Aber was thut hie der Satan ? Er Satan heisse
rüstet seine Diener die Zeuberer seinem ein verleumb-
der / wie auß
gebrauche nach sehre behende mit be- das Wort
triegereien. Denn viel Zeuberer / damit Diabolus
oder Teuffel.
sie jre Schelmerey bergen mögen / nemen dazu ich weis nicht was für Kreu-
tere / Item / gebrand Wasser / vnnd
sagen sie thun es durch natürliche dinge / vnnd vnter solchem scheine gebrauchen sie jre Beschwerungen / Bilder /
E iiij   Zeichen /

Zeichen/vnd Gebet/ vnd thun eitel Zeu-
berey/stellen sich als wenn sie nach dem/
wie es Gott verordnet / alles theten / da
sie doch Gottes ordnung lesterlich be-
schmeissen / vnd einfeltige Leut vbel ver-
leiten. Vnd gebrauchet also der Satan tausent wege die Leute zuuerfüren/
vnd wie man vom Protheo sagt / verwandelt sich in alle dinge / einem setzet er
feindlich zu / dem andern komet er mit
betruge zu hülffe / vnd thut doch an beyden örtern schaden. Denn was kan
man guts von deme entpfangen/welcher
der ergeste Feind menschlichs geschlechts
ist / ja ein vnuersünlicher Feind ist er/
als der mit dem Menschen in Ewigkeit
nicht mag verglichen werden. Vnd zwar
so das Sprichwort war ist/welches man
in dem Poeten Sophocle lieset: Das der
Feinde geschencke keine geschencke / vnd
mit nichten nütze sind / so ist es allhier
sonderlich war. Derwegen wenn man
mit des Teuffels Artzneien den Menschlichen Leibe helffen wil / so vergifftet
man ohne allen zweiffel die Seelen / es
ent-

entſchüldigen es loſe Leute wie ſie wollen.

Zum fünfften ſage ich / das die jenigen / ſo verbotene Artzneien gebrauchen
jre geſundheit dadurch zuerlangen / Gottes Verheiſſunge in einen zweiffel zihen /
vnnd dieſelbe nicht für war halten / als
nemlich. Ruffe mich an in der not / ich
wil dich heraus reiſſen / vnd du ſolt mich
preiſen. In dem Spruche werden drey
dinge zuſammen geſetz. Zum erſten / das
Gebot oder befehl / das man beten ſolle.
Zum andern / Die Verheiſſunge oder
zuſage / das Gott erhören wil / vnd zum
dritten / der ausgang der Verheiſſunge /
oder was auff die Verheiſſunge folget.

Das Gebet iſt / Ruffe mich an.
Mich / ſagt Gott / ruffe an / das iſt / du
ſolt nicht anders wo hülffe ſuchen / ſondern achte es das deine hülffe vom
HERRN komme / der Himmel vnd
Erden gemacht hat / vnnd das dir ſolche
hülffe bisweilen one mittel / bisweilen
durch mittel die Gott geordnet wider-
fret.

E v   Die

Die Verheissung ist: Ich wil dich
heraus reissen. Derwegen wil er nicht
haben/ das du anders wohin zuflucht ha-
ben/ sondern das du solche Verheissung
mit Glauben annemen solt. Der Ausgang der Verheissunge wird mit einem
Zeichen angezeigt: Vnd solt mich prei-
sen. Mit diesem preise soltu bezeugen/
das dir von mir geholffen ist.

Zum sechsten sage ich/ das dieselben
die Gedult/welche bey den rechten Christen alleine gefunden wird / verlassen/
welche sich verdampter Artzneien gebrauchen. Denn dis ist ein Spruch
Christlicher gedult· Ob er mich gleich
tödten wird/ wil ich doch auff jn trawen/
das ist / ich wil nicht vngebürliche vnnd
verworffene mittel suchen / sondern ge-
düldiglich leiden was mir begegnen wird
nach dem aller Barmhertzigsten willen
Gottes. Derhalben weiset die gedult
wie viel ein jeder in Christi Schule ge-
studieret habe. In den Sprüchen Salo-
monis am 19.cap.stehet· Des Menschen
lehre wird durch gedult geprüfet / Oder
an der

an der gedult sihet man wie viel einer gelernet hat. Hinwieder aber / Vngedult
zeigt an / das der Mensch wenig oder
nichts in Christi Schule gelernet hat.
Denn sie treibt den Menschen das er sich
wider Gott aufflehnet / vnd verbottene
mittel suchet / nach dem Spruche : Der
vngeduldige offenbaret seine thorheit.

Es haben liederlich Leute etwas mehr /
das sie wider solche rechte Lehre zu irem
verderb fürwenden / vnnd sagen : Mag
man doch eines Gottlosen Menschen
als eines vngleubigen Jüden / eines Got-
teslesterischen Türcken / eines Mamma-
lucken / vnd eines jedes andern bösen menschen artzney eine kranckheit / sie kome woher sie wolle / zuuertreiben gebrauchen /
warumb solte man denn nicht auch jr
heupt den Teuffel / wenn man seine schü-
ler nicht haben kan gebrauchen? sonderlich weil der Teuffel als der natur sehr
kündig / in vielen kranckheiten on zweiffel
natürliche mittel gebraucht / durch welche
in warheit Gott selber krefftig ist? Dieser
vorwurff hat ein eusserlich fein ansehen /
                                          aber

aber es ist kein grund oder bestand darin. Denn was ist das anders gesagt / als: Kan ich bey Gott nichts erhalten/so wil ich den Teuffel anruffen. Oder: Will Gott nicht helffen/so helffen alle Teufel. Ich bin nicht in abrede das der Teuffel in vielen Kranckheiten natürliche mittel gebrauchet/ Ich bekenne auch das Gott durch dieselben mittel krefftig ist/ Ich bekenne das auch / das viel Artzte bey den Jüden vnd Türcken des Teuffels gliedmassen sind / jedoch ist diese schlusrede vergeblich vnd one bestand: Man mag Gottlose Leute zu Artzten gebrauchen / darumb mag man auch des Satans Kunst durch seine Zeuberer gebrauchen. Denn jenes ist erleubet vnd zugelassen/ Dieses aber ist verbotten/ jenes ist Gottes ordnunge / dieses ist wider Gottes ordnunge/ jenes geschicht aus zugelassener not/dieses ist eine verdampte eitelkeit. Dieweil aber Gottfürchtige Leute alles jr thun nach Gottes Wort richten sollen/ so lassen sie sich mit solcher schlusrede nicht fangen. Deñ das die Gottlosen

des

des Teuffels gliedmaſſen genant wer=
den/ das mus man recht verſtehen/ denn
nach der geſchickligkeit / nicht nach dem
Weſen/ nach der folge oder gehorſam /
vnd nicht nach der natur/ nach der bos=
heit / vnd nicht nach ſeiner kunſt ſind ſie
des Teuffels gliedmaſſen. Denn die
Kunſt ſelber iſt Gottes gabe / welche
Gott wil durch Menſchen üben laſſen /
vnd nicht durch die betriegliche Geiſter.
Das aber Gott durch der Teuffel Artz=
neyen krefftig iſt / entſchüldigt die ſo die
Zeuberer rhat brauchen gleich ſo wenig /
als die Ehebrecher / durch welche Gott
krefftig iſt das Kinder geboren werden /
welcher viel aus Gottes ſegen nützliche
Werckzeuge in Policeien vnnd Kirchen
werden / wie wir vom Gedeone leſen /
vnd andern nicht wenig. Denn man
mus zu forderſt einen vnterſcheid ma=
chen zwiſchen des Menſchen that / vnd
Wirckungen der Creaturen vnnd ge=
ſchaffenen dingen/ ſo jnen von Gott ein=
geſchaffen. Gott verbeut Ehebruch / wer
dawider thut/ der iſt für Gott ein Sün=
der /

der / nichts deſto weniger aber iſt Gott
krefftig durch die Ehebrecher zur Kinder
zucht/ denn er wil die Wirckunge ſo einem jedem dinge in der erſchaffunge gegeben nicht auffheben/ſondern ſo wol in
den Ehebrechern als in andern erhalten.
Gleicher weiſe verbeut Gott das wir der
Zeuberer kunſt wider die franckheiten
nicht gebrauchen ſollen / vnd welche wider ſolches verbot thun / denen drawet er
ſtraffen / jedoch iſt derſelbe Gott auch
krefftig in den Artzneien/welche der Teufel gebrauchet Kranckheiten zu machen /
oder zuuertreiben.   Derwegen entſchüldigt es die jenigen nicht welche Zeuberinnen gebrauchen / das Gott durch jre
Artzneien / die der Satan auff jr ſege-
nen in geringer maſſe darzu nimet/kreff-
tig iſt/bisweilen ſeine Artzneien heimlich
in die Speiſe vnd Tranck miſchet / bisweilen auswendig/das man es nicht fület / Kreuter / vnnd Edelgeſteine / oder
anders/ ſo er weis das ſchadet oder hilfft
auffleget.

Aber

Aber was soll man viel sagen? Ha=
stu nicht in der Tauffe dem Teuffel vnd
allen seinen Wercken entsaget / vnnd
Christo dich ergeben? Warumb begib=
stu dich denn nu wider deine dem Herrn
Christo gethane zusage zu seinen Feinde
dem Teuffel / das durch demselben dir
von deiner Kranckheit geholffen werden
solle? Dis ist warlich anders nicht denn
Christum verleugnen / vnd den Teuffel
an seine stat setzen.

Aber eine alte schwetzhafftige Zeube=
rinne machte hiewider schreien / vnd sa=
gen: Wer gleubet also? Wer liebet?
wer hoffet / wer gehorsamet also wie er
solte? Wer wil sagen/Mein Hertze ist
rein vnd ledig von Sünden? Sündigen
wir doch alle vielfeltig? Bistu nu reine/
so steig alleine in den Himel. Bistu nicht
in derer zal von welchen Johannes redet/
da er spricht: So wir sagen das wir kei=
ne Sünde haben / so verfüren wir vns
selber / so bedarffestu Christi nicht / dar=
fest auch mit andern nicht beten: Vergib
vns vnsere Schulde.

Einem

Einem solchem schwetzhafftigem al
tem Weibe antworte ich also: Des nar-
ren weg ist in seinen Augen recht: du bist
bey dir klug / aber deine klugheit ist sehr
grosse narrheit. Denn wie deine schutzrede vnbillich ist / ob du wol mit gründen
der Schrifft vmb dich wirffst / also ist
deine üppigkeit eine bosheit. Deine
schutzrede oder behelff ist vnbillich/ Erst-
lich/ weil Sünde mit Sünden nicht entschüldigt wird/ darnach / weil du keinen
vnterscheid machest zwischen Menschlichen Sünden/ (darin offte die Heiligen
wider jren willen vnd wissen fallen / als
da sind von welchen Salomon vnd Johannes reden vnd bitten / da sie sagen:
Vergib vns vnsere Schulde. Vnter diesen Sündern bekenne ich mich auch ei-
nen/vnd bitte mit jnen vmb vergebung
der Sünden durch den Glauben an
Christum) vnd Teuffelischen Sünden/
mit welchen du Christo entsagest / vnnd
dich dem Teuffel ergibst. Denn du ver-
achtest Christum/vnd begibst dich zu seinem Feinde dem Teuffel / vnnd suchest
bey

bey jm in deinen / vnd derer die dir Geld
verheissen Kranckheiten hülffe/wider den
Spruch des HERRN: Bey mir al-
leine ist deine hülffe. Deine bösliche üppigkeit soll mich nicht oberwinden. Denn
ich weis gar wol / das dieses des Satans
deines Meisters gemeine vnd gewönliche
kunst ist/das wenn er mit vernunfft nicht
kan oberhand behalten / so greifft er die
sache mit Wüterey / falscheit vnd behen-
digkeit an/ Derwegen lasse ich mich nicht
so sehre durch deine üppigkeit schrecken /
als mich deiner erbarmet / die du nicht
alleine dich wider Christum aufflehnest /
sondern auch noch deine Gottseligkeit
verteidingen wilt / gleich hettestu es wol
ausgerichtet. Dis einige las dir gesagt
sein. Wer Christum nicht hat / der hat
nichts / wenn er gleich so reich were als
Croesus. Wie kan aber der Christum ha-
ben/der des Teuffels Christi feindes wercken nicht gentzlich absaget.

Wem nu etwas an seiner Seligkeit
vnd dem ewigen Leben gelegen ist / der sol
nach dem rahte Pauli alles was er thut

F   im

im namen des HErrn Jesu Christi thun/
jn vmb gesundheit anruffen/ vnd gebrauchen ordentliche mittel auff die weise wie
ich angezeiget habe. Er versuche nicht
Gott/ vnd halte es nicht dafür / das er zugleich Gott vnd de͂ Teuffel könne anhangen. Denn Christus vnd Belial können
sich nicht mit einander vergleichen. Elias
sagt zu dem gottlosen Achab/ vn͂ denen die
bey jm waren · Wie lange hincket jr auff
beiden seiten? Ist der HErr Gott so folget jm/ Ist aber Baal Gott so folget dem
Baal. Wir sollen allezeit des Pauli spruch
für augen haben. Wer Christi namen
anrüffet/ der weiche von der Vngerechtig-
keit. Derwegen sind die nicht zu entschül-
digen/ welche wenn sie wenen/ das sie von
Zeuberern beschedigt sind/ sich zu den Zeuberern begeben/ das mit jrem segenen jnen
jre kranckheiten mögen vertrieben werden.
Denn das ist/ wie oben dargethan/ bey dem
Teuffel/ welcher ein anfenger vn͂ vrsacher
alles bösen ist/ etwas guts suchen/ welches
man bey Gott alleine suchen soll/ vnnd etwa one oder durch ordentliche mittel pflegen gegeben zu werden. Derhalben sol
man

man es von Gott bitten durch den Glau-
ben/vnd die früchte des Glaubens/das ist/
mit beten vnd Allmosen/das er nach seiner
güte vns vom bösen errette. Da aber auch
also das Vnglück/so vns druckt nicht von
vns genommen wird / so sollen wir alles
böses gedüldig leiden/so lange den weisen
Gott vnd vnserm liebsten Vater vns zu
straffen vnd zu prüfen gefellet.

Du möchtest fragen / Wie sols denn
ein Prediger machen / wenn er an einen
Menschen geret / der jm durch Zauber
kunst von seiner Kranckheit hat helffen
lassen? Erstlich sol er jm anzeigen / wie
grewlich er wider Gott gesündiget habe/
das er seinen feind den Satan an stat des
rechten Gottes gesetzt hat. Vnd hie mus
man nicht den hohen stand vnd hoheit der
Person ansehen / sondern so viel höher die
Person ist/ so viel grösser sol mä den abfal
von Gott machen. Darnach sol man jm
zeigen/ das er eine grösser kranckheit seiner
Seelen durch solche vnzimliche artzney zu-
gezogē habe/nemlich/ den geistlichē aussatz
der seelen/deñ des leibs kranckheit gewesen/

F ij   dauon

dauon er durch Zeuberische betriegerey er=
rettet ist.   Darnach soll er jm die straffen
weisen / so auff den abfall von Gott ge=
hören/ als den ewigen Fluch / ewige qual
der Seelen vnd Leibes / wo er sich mit
warhafftiger rew nicht wider zu Gott
wird bekeren.   Wenn als denn der Kir=
chendiener / den welcher also gesündigt/
solcher seiner missethat halben warhafftig
bekümmert sein/ vnd rew darüber haben
sihet / so sol er jhn mit dem Euangelio
widerumb trösten.   Aber wo die that für
die Christliche gemeine gekommen vnnd
derselben kund worden ist / sol jhn der
Kirchendiener vermanen/das er öffentlich
etwa selber oder durch den Kirchendiener
solche Sünde bekenne/vnd Gotte vor der
gemeine abbitte.   Wil er solches nicht
thun/ so ist seine busse kein ernst/derwegen
sol man jn nicht zum Sacrament lassen /
sondern Gottes gerechtem gerichte vber=
geben. Vnter des aber sol man nicht vn=
terlassen Gott für jhn zu bitten / das er
jhn bekeren vnd zu der gemeinschafft der
Heiligen wider bringen wolle.   Wer die=
sen

sen meinen raht zu geschwinde achtet / der
achtet trawn die Sünde / vnd dz ergernus
so daraus gekommen / gar zu geringe.

Von der fünfften Frage.

Nun ist noch die letzte Frage hinderstellig / welche die Schwachgleubigen nicht wenig bekům-
mert / Wa. vmb nemlich Gott zugibt das sein
Name also misbrauchet wird / da er es
doch durch seine Allmacht wol
hindern könte ?

Antwort. Alles was Gott thut oder
geschehen lesset / das thut vnd lesset er zu /
das seine ehre dadurch offenbar vnnd gepreiset werde. Augustinus spricht : Es
geschicht nichts es wolle denn der Allmechtige das es geschehen solle / entweder
durch zulassung oder durch eigen thun o-
der schaffunge. Vnnd es ist kein zweiffel
das Gott recht thut wenn er gleich etwas
zulesset das böse ist. Derselbe Augustinus
spricht weiter : Es geschicht nichts der
Allmechtige wolle denn das es geschehen
solle / vnd dasselbe thut er / entweder das es
ime also wolgefellet / dadurch alles was

gut ist

gut ist geschiehet: Oder aber das er etwas
damit zuuerstehen gibt / welches ist die zulassung des bösen: Derwegen wird Gottes name kein mahl gemisbrauchet / er
werde denn dadurch auch zugleich geehret/
vnd herrlich gemachet.Denn so ein Bien-
lein/ welches ist ein kleines vnd krafftloses
Würmlein aus einem gifftigem Kraute
einen sehr lieblichen safft saugen kan / der
den Menschen sehr nütze ist/warumb solte
Gott / der der höhest vnd mechtigste ist/
aus der Menschen vbelthaten jm nicht seine ehre schaffen vnnd zu wegen bringen
können? Wenn er nun Zeuberische künste
zulesset vnd duldet / wird er gerümet von
wegen des reichthumbs seiner ;gedult vnd
langmute / dadurch es die verkerten zur
Busse locket/zun Röm· am 1.Cap.Wenn
er hoffertige vnnd Gottlose Wüteriche
straffet/so wird seine Allmacht gepreiset /
zun Röm. am 9. Cap. Wenn er die Vn-
terdruckten errettet/ wird seine Gerechtigkeit gepreiset/zun Röm.am 9. cap. Wenn
er die so Busse thun zu gnaden annimet/
so wird der rhum seiner Barmhertzigkeit
mit

mit freuden ausgeruffen / Luce am 15.
Entlich/wenn er alles/es sey gut oder böse
dahin richtet / das es jm zu seinen ehren
dienen mus / so wird seine Weisheit ge-
rhümet. Weil dis nun gewisse ist/ so wollen wir vier vrsachen solcher Göttlichen
zulassunge anzeigen.

Erstlich / das sie ein Zeichen sein sol.
Denn solche schwartzkünsterische betrüge
wenn sie mehlich zunemen vnnd in gebrauch vnd schwang gebracht sind/so sind
sie eine gewisse anzeigunge / das viel von
der reinen Lehre des Euangelij vnd von
dem warhafftigen Gottesdienst abgefal-
len. Denn wie die bleiche im Angesichte
eine gewisse anzeigung ist!/ das die Leibes
kreffte abgenommen / Also ist auch ein je-
der/sonderlich aber der Zeuberische Aberglaube eine vnzweifeliche anzeigung / das
ein Hertze matt vnnd von Gott abgefal-
len ist / auff welchen die krafft des Hertzen alleine bestehet.   Das solches war
sey bezeugen nicht alleine die Historien
von Anfang der Welt / Sondern wir
erfaren es noch heutiges tages.   Als

vor 40. Jaren ohngefehrlich die reine lere
des Euangelij durch Gottselige lehrer wider herfür gebracht vnd von der Bäpstischen verfelschung gereiniget wardt/ da hö
reten diese Teuffelische betrüge auff:
Dann die abergleubische verfelschungen
konten vor dem hellen licht des Euangelij
nicht bestehen / vnnd das grosse Licht des
Himlischen Wordts vertreib mit seinem
glantze alle aberglauben nichts anders/als
die Sonne/ Wann sie vber vnsern Himmel auffgehet/ des nachts finsternüssen
vertreibet.Aber als die Menschen mehlich
anfingen / wie geschehen pflegt / des Euangelij vberdrüssig zu werden/ist der aberglaube mehlich wider herfür kommen /
gleich wie die finsternuß an stad des lichts
des Euangelions. Vnd ist vns geschehen
wie vor zeiten vielen Jüden. Dann
wie jhnen das Himmelbrodt zu erst ein ge-
wünschts vnd köstlich ding war / das sie
besser hielten als die töpffe voll Fleisch in
AEgypten / aber nicht lange darnach haben sie es geringe vnd verechtlich gegen dē
Egyptischen Fleischtöpffen gehalten.
Also ist den vnsern/wie zu erst das Wordt
des

des Euangelij / welches die warhafftige
Hjmlische speyse ist / jhnen vorgebracht
wardt auch geschehen / Alle lieffen mit
grosser begierde hinzu / vnd liessen allen a=
berglauben in einem hui fahren / denn es
war jnen nichts liebers noch liblichers als
das Euangelium / es ist jhnen aber lei=
der solche lust baldt vergangen/vnd haben
baldt angefangen solcher niedlichen speise
des Euangelij vberdrüssig zu werden/vnd
begereten wider mit dem Fleische des aber=
glaubens gefüllet zu werden / welches sie
zuuor mit eikel weggeworffen / wie die hun
de auch thun/welches was sie gespien wi=
derumb fressen. Dahero kümpts / das
viel aberglauben vnd Teuffelische betrü=
ge an stadt des lautern Euangelij in vie=
ler hertzen eingeschlichen. Sintemal der
Teuffel seiner alten tücken nicht vergessen
vnd nicht auffhöret/ die leute teglich zuuer-
blenden / vnnd seinem gebrauche nach zu
suchen / welche seinen bübereien beiligen
vnnd den rücken halten können / welches
wer nicht sihet / ob er gleich sehre scharffe
augen hat / ist er doch in verstande gar
blindt. Darumb wenn wir hören vnd

F v   sehen

ſehen/ das ſich teglich mehr Leute auff die
Schwartzkünſtlerey begeben / ſo ſollen
wir wiſſen/ das es ein gewis Zeichen iſt /
das das Euangelium durch Gottes verhengnus verdunckelt/ vnd der Glaube bey
vielen Menſchen abnimet. Lieber wes
mag man ſich darauff anders verſehen/
denn den entlichen Vntergang des warhafftigen Gottesdienſts vnd vieler Leute
vnzweiffelicher Verdamnus? Denn wie
ein Schiff wenn es das Rudel verloren
hat/ vom Waſſer getrieben wird / bis es
zubrochen vnnd vntergangen iſt / Alſo
auch/ wenn die reine Lehre des Euangelij
verloren iſt / wird die Kirche durch die
vom Teuffel erregete Wellen des Aberglaubens getrieben / bis ſich viel in die
Helle ſtürtzen. Vnd ſolches geſchicht aus
billichem Vrteil Gottes/ welches die heilige Engel im Himel preiſen/ Derwegen
ſollen wir / da wir klug ſind / wie die
Schlangen vns für des Teuffels liſten

hüten

hüten/ vnd wie die Tauben die sanfftmut
vnd einfalt bewaren.

Die ander Vrsacke / warumb Gott
zulesset / das der Teuffel die Gottlosen
durch seine Schwartzkünstische verfürungen einnimmet vnnd besitzet / ist des
gnedigsten Gottes väterliche verwarnun-
ge. Denn wie die Gottlosen durch Teu-
felische Verblendungen billich verfüret
werden / Also werden die Gottfürchtigen / so mitten vnter jnen wonen müssen / Väterlich verwarnet / das sie sich
mit jren Giffte vnnd Seuche nicht be-
sudeln lassen sollen. Denn es gebüret
einem frommen Vater seine Kinder
zuuerwarnen / ehe sie in eusserst Vnglück
fallen / das sie sich durch böse Leute
nicht verfüren lassen / vnnd wo sie ja
von wegen der Gemeinschafft / vnnd
das sie mit einander vmbgehen müssen /
von jnen sind beschmitzet worden / das
sie Busse thun / vnnd dauon abstehen /
auff das sie jnen nicht gleich werden/ vnd
mit

mit jnen nicht zugleich zu grunde gehen
vnd verderben. Derhalben warnen vns
die Zauberkünste für zwey wichtigen din-
gē/die sich mehlich finden (darbey) ich auch
wil verstanden haben das die Laster / so in
allen stenden oberhandt genommen/ nicht
gestraffet werden) nemlich von der Rache
Gottes / vnd seiner Väterlichen Barmhertzigkeit. Das Gottes Rache vorhanden / wirdt dardurch angezeigt / Wann
Gott den rechten verstandt des Euangelij
durch aberglauben / vnd vielheit der laster
hinweg nimmet. Item wann Finsternus
oder vnuerstandt Göttliches wordts ein-
reisset/Daraus ewige marter des leibes vnd
der Seelen folget/wo man jr nicht zeitlich
durch ernste Busse vorkömpt. Dann so
man nach etlichen vormanungen vor-
zeucht / so wirdt man erstlich der laster o-
der sünden gewohnet/darnach kompt aus
solcher gewonheit ein schedlichs gebrechē/
deme nicht zu helffen ist . Dann die gewonheit als eine andere natur des Menschen machet das dem vnglücke nicht zu
helffen / dem man doch im anfange hette
helffen können / dann das sprichwort ist
war/

war / do man sagt: Man kömpt zu lang-
sam mit der artzney / wenn durch langen
verzug die Kranckheit vberhandt genommen. Vnd es hat ein Altvater fein gesagt:
die gewonheit der Sünde verstopfft die
sinne / das sie nicht recht verstehen / ver-
hertet die gemüter / das das vnglücke sie
nicht erschrecket / Verzertelt die Hertzen / dz
sie gefallen haben an abscheulichen dinge /
schwechet die kreffte / das sie können vberwunden werden. Vnd Gregorius sagt:
Wann man der Sünden gewonet / kan
das hertze / wann es gleich wil / nicht wider zu rücke / denn so offte es vbel thut / so
offte wird es gleich als mit ketten der sünden verbunden. Vnd wo die Schwartz-
künstlereien vnnd andere laster / so neben
jnen sindt / immer zunemen vnnd einwur-
tzeln / so werden sie endtlich das licht oder
rechten verstandt des Euangelij ausleschen /
daraus dann erschreckliche Finster-
nussen in der Menschen hertzen erwachsen
wie im Babstumb geschehen / auch noch
wol erger / vnd solches durch Gottes gerechtes gerichte / der also der Welt vndanck
straffet.

Es

Es ist des gütigen Vaters lautere Barmhertzigkeit/ das er durch diese warnunge anzeigt / er wolle die irrenden zu Gnaden nemen / wenn sie nur Busse thun. Denn wenn Gott den Menschen iren willen lesset / ist es eine anzeigunge / das er sie wil verderben. Darumb sagt die Epistel an die Ebreer : So jr ausser der zucht seid/ welcher alle Kinder vnterworffen gewesen / so seid jr Huren Kinder/ vnd nicht eheliche Kinder. Vnd hieher gehöret das Petrus sagt: Das Gerichte hebet am Hause des HErrn an. Es redet aber daselbst Petrus von dem Gerichte der straffe oder der zucht der Kinder Gottes in diesem Leben / nicht von dem Gerichte der Verdamnus der verworffenen. Jenes kompt aus einen Väterlichen hertzen/vnd geschicht zur besserung vnd heil der Gottfürchtigen / welche des Vaters straffe nicht verachten / dieses komet aus billichem zorn des Richters/ vnd geschicht das die Vngleubigen sollen verstossen vnd verdampt werden / wo ferne sie vor jrem Tode nicht Busse thun. Denn keinem

nem lebendigem wird die gnade versperret
oder versaget/ er wolle es denn selber.

Zum dritten geschicht dieses / das
Gott dem Teuffel zulesset / das er durch
seine Künst viel Menschen an sich zeucht/
darumb/das er nicht als ein Vater / son=
dern als ein Gerechter Richter die straffet/
so der Warheit des Euangelij nicht wol=
len gehorsamen. Von dieser straffe re=
det Paulus zun Römern an 1. cap. Gott
hat die jenigen / so jn nicht haben wollen
ehren als den Schöpffer / in einen verker=
ten Sin hingegeben / das sie vnzimliche
dinge gethan. Vnd in der andern Epistel
an die Thessalonicher am 2. Cap. Die/so
der Warheit nicht haben gleuben wollen/
hat Gott in jrrthumb fallen lassen/ das sie
der Lügen gleuben müssen. Vnd Lügen
heisset an diesem orte erstlich allen mis=
brauch Göttliches worts wider seinen
willen / darnach aller Teuffel/vnd Men=
schen fünde/ dadurch Gottlos wesen vnd
Aberglaube erhalten / vnnd in der Welt
ausgebreitet wird.

Diese

Diese straffe ist zweier

vnd Leiblich. Jene ist an j

diese aber ist nach dem er

schwerer.

Die Geistliche straffe

ste / das sie sich für kluge v

leute achten / welche klu

Weltleuten für ein herrli

Welt geachtet wirdt. Z

Menschen durch Gottes

lassunge in einen verkerter

geben werden / so achten

klügesten für allen andern

ist aber doch bey jnen nicht

alleine ein schein vnd e uss

vnnd keine rechtschaffene

dann kompt / das sie böses

guts für böses annemen.

wahn oder traum der kiu

Paulus zun Röm. also: C

Weise / sint aber zu narrer

solchen wahn der klugheit

nur eine lautere blindheit

Hertzen verstockunge / be

fulen der Sünden ist sonde

daraus auch entlich ein

wenn das schlaffende Gewiſſen auffge=
wachet / eine Verzweiffelunge komet.
Aber es ſeind ſehr viele/welche ob ſie gleich
durch den gerechten zorn Gottes verwor=
fen ſind/es meiſterlich verbergen können /
damit ſie nach jrem Abſterben nicht für
Verdampte geachtet werden mögen.
Denn des Auguſtini Spruch iſt durch
aus wahr : Die ſpate Buſſe iſt ſelden
rechtſchaffen. Vnd dieſes kan daraus ge=
ſpüret werden / das vnter vielen Tyran=
nen oder Wüterichen / wenn ſie ſterben
ſollen / wenig gefunden werden / welche
wider zu geben verordnen/ was ſie mit ge=
walt an ſich gebracht/ welches ſie warlich
thun würden / wenn ſie ernſte Buſſe ge=
than hetten vnnd jre Sünden jnen von
Hertzen leid geweſen weren. Zacheus wie
Luce am 19. Cap. geſchrieben ſtehet / hat
ein recht Zeichen der Buſſe von ſich gege=
ben/ da er zum Herrn ſagte : Siehe die
helffte meiner güter gebe ich den Armen /
vnd da ich jemands vmb etwas verfortelt
habe/das gebe ich vierfeltig wider. Daher
iſt der Spruch gekommen : Die Sünde

wird nicht vergeben / es sey denn das das
genomene wider gegeben sey. Welcher
Spruch nur in einem falle nicht zu halten
ist/ nemlich/ wenn das vnuermügen vorhanden ist. Denn da aus vnuermügen
keine Widerstatunge geschehen kan / so
ist der gute Wille dessen / der ernstliche
Busse thut / Gotte angeneme / als da ist
des Reubers / der am Creutze Busse gethan hat. Der Jüngste tag wird alle
Heimligkeiten offenbaren/ vnd einen vnterscheid machen zwischen rechter vnd fal-
scher Busse.

Die Leibliche straffe geschicht auff
mancherley weise/ durch Krieg/ durch Ty-
rannische vnterdruckung / durch newe beschwerungen / durch sterbens Seuchen /
vnd andere vnzeliche Kranckheiten. Aber
wer kan die plagen / welche Gott von wegen der Abgötterey vnd Zeuberischen A-
berglauben schicket/ alle erzelen.

Die vierde vrsache der Göttlichen
nachlassunge ist die bewerunge des Glau-
bens/ das Gott eines jeden Glauben dadurch

durch probieret/ bey welcher proba der gehorsam gegen Gott allezeit ist / vnd keiner
wird also probieret er sey denn Gott recht
gehorsam.

Diese Bewerung des Glaubens / so
durch Gottes zulassung geschicht/hat bisweilen innerliche / bisweilen eusserliche
vrsachen. Der innerlichen sind vielerley/
als der zweiffel so in der Menschen Hertzen von der Versehunge Gottes von den
Verheissungen vnd drawungen Gottes
entstehet. Item des Fleisches verstand /
zagunge des Gewissens/ Verzweiffelunge etc. Die eusserliche vrsachen sind vn-
zelich/ vnter welchen sind die Leren der bösen Geister / darunter alle Zeuberkünste
gehören. Item/ verfelschung der Lehren /
Ketzereien/trennungen/ vneinigkeiten der
Lehrer der Christlichen Kirchen/ vntrewe
der Mitchristen/das öffentliche laster vn-
uergolten hingehen / vnd nicht gestraffet
werden/ der Gottlosen gutes glück/ als da
sind Türcken/Papisten/vnd anderer vieler
tyrannen/welche die Christenheit verfolgn/

die geringe zal der Christen / die vnanse-
henliche gestalt vnd vnterdruckunge der
Christlichen Kirchen / vieler Leute vom
Glauben abfall. Aber wer kan alles erzelen?

Von der Bewerunge des Glaubens
so durch Zeuberische betrüge geschicht / redet der heilige Augustinus/ da er sagt: Es
ist nicht wunder das Gott solches zulesset/
auff das die jenigen so solches hören vnd
sehen / beweret werden was sie für einen
Glauben an Gott haben.   Diese seine
meinunge beweiset der heilige Augustinus
selber mit dem Gesetze Gottes / so im 5.
Buch Mose am 13. Cap. geschrieben stehet. So vnter dir ein Prophet auffstehen
wird / oder der da sagt / er habe einen
Trawm gesehen / (Er begreifft aber vnter einer alle eitele oder gottlose Künste)
vnd ein Zeichen verkündiget hat/ das sich
darnach begibt/vnd sagt zu dir/Lasset vns
gehen vnd andern Göttern folgen/so soltu
seinen Worten nicht gehorchen.   Denn
Gott versuchet euch/ damit offenbar werde ob jr Gott liebet oder nicht. Mit diesem
gebot

gebot Gottes werden wir Erstlich geleret/
das wir nicht aus dem was sich zutregt/
sondern aus der Richtschnur Göttliches
willens/welche ist Gottes Wort/vrteilen
sollen was man thun vnnd lassen sol:
Zum andern werden wir geleret/ das auff
zeuberische Warsagungen trawen vnnd
Gott lieben/ also wider einander sind/das
sie beysamen nicht sein können. Wer auff
Zeubereien trawet der liebet Gott nicht/
Hinwieder / wer Gott liebet der hat ein
abschew für von Gott verbottene eitele
Künste. Vrsache dieses ist / Wer Gott
nicht aus falschem Hertzen liebet/der han-
get mit rechtschaffener zuuersicht an Gott/
klebet aus liebe an jm / ist geneigt jm in
allem zugehorsamen / thut was er haben
wil/ hütet sich für den so er verbotten hat/
ist seinen Feinden feind/kürtzlich zu sagen:
Er fürchtet sich für jn / bey jm alleine suchet er hülffe/ vnd was dem Leibe vnd der
Seele gut ist/ nach seinem Worte / vnnd
wie er es verordnet hat. Dieses alles gehöret also zusammen / das keines von der
liebe Gottes kan geschieden werden / weil

die liebe Gottes ohne sie nicht sein kan.
Wer es nu dafür helt / das er zugleich
Gott lieben/vnd sein vertrawen auff Zeu=
berey setzen könne/ der irret durch aus/vnd
macht sich der Seligkeit vnnd Gnaden
Gottes verlustig. Zum dritten leret vns
dis Gebot/ warumb Gott nachlesset/ das
solche Verfürer in der Welt herfür kom=
men / vnnd an dem orte da Christen sind
auch gefunden werden/ nemlich/ das vns
Gott versuche / damit offenbar werde ob
wir jn lieben oder nicht. Vnd diese versu=
chung ist ein Proba oder Bewerunge/da=
durch nemlich wir probieret werden / ob
wir im Glauben vnnd gehorsam wollen
bestendig sein. Denn so stehet im 5. Buch
Mosis am 8. ca. Der HErr hat dich ver=
suchet / das er merckte was du in deinem
Hertzen hettest / ob du seine Gebot woltest
halten oder nicht. Wie nu Gott vor zeiten
sein Volck in der Wüsten auff mancher=
ley weise 40. Jahr versuchet hat / damit
offenbar würde wie sie auff jn traweten
vnd im gehorsamen/Also lesset er auch zu
Dieser zeit zu / das viel böses in der Christenheit

stenheit geschehe/ darunter die Zaubereien
nicht der wenigste theil sind / mit welchen
er vns probieret/ ob wir seine rechtschaffene diener sind oder nicht.   Derhalben wie
die versuchung dadurch vns Gott probieret aus Gottes liebe geschicht / Also ist sie
dahin gemeinet/ das wir dadurch zum guten sollen geweiset vnnd vnterrichtet werden. Hiegegen aber versuchet der Teuffel
den Menschen aus haß / damit er jn von
Gott ableite vnd in verderb bringe / daher
wird des Teuffels versuchung billich eine
verfürische Versuchunge genant / wie
Gottes eine probier Versuckung genant
wird. Vnd ist hieraus zu sehn/das Gottes
vnd des Teuffels versuchung aus vnter-
schiedenen vrsachen vnnd meinungen ge-
schehen/wie allbereit angezeigt ist. Denn
wie Gott allezeit der menschen heil suchet/
also suchet der Teuffel derselben verderb.
Denn dahin ist der Satan alleine bedacht
vnd strebet darnach / hat auch võ anbegin
darnach gestrebt/vnd wirds auch bis an dē
jungsten tag thun/das er den glauben auff
die Göttliche verheissung / vnd furcht der
drawung den Leuten aus dem sinn bringe/
damit

damit sie zu gesellen seiner ewigen qual
haben könne. So boshafftig ist er/vnd so
grosse lust hat er die Menschen / die nach
Gottes ebenbilde geschaffen/zu verderben.
Man sagt im gemeinen Sprichworte:
Glückselig ist der / welcher sich an eines
andern vnglück spiegelt / da wir nu glückselig sein wollen / so sollen wir durch vieler
Völcker welche verworffen worden / Exempel klug sein / damit wir dem Satan
mit seinen betriegen/so Gott vnsern glauben zu probieren zulesset/nicht bey vns ein-
sitzen lassen.   Darumb wenn wir entweder sehen oder hören/das er in dieser Welt
durch seine tücken jm viel vnterthan gemachet / so sollen wir Gott nicht versu-
chen/seine Warheit vnd Allmacht nicht
verleugnen/sein Wort vnd ordnung nicht
meistern/ im Glücke nicht fleischlich sicher
sein/in Vnglück nicht verzweiffeln/son-
dern den Glauben vnd gut Gewissen be-
halten/vns ans Gebet halten/ vnd bitten/
das wir von des Teuffels list errettet werden mögen/ der wie ein Lewe brüllet vnnd
vmb vns her gehet/ vnd suchet wen er ver-
schlingen

schlingen möge/der doch auch nichts mehr
thun kan/denn jm von dem weisen / gütigen vnd Allmechtigen Gott erleubt wird/
Welches auch daraus erscheinet/ das des
Pharaonis Zeuberer mit jrer Zeuberey die
Leuse nicht haben machen können / daher
sie zum Pharaone sagten : Dis ist Gottes
finger. Damit zuuerstehen gegeben wird/
wie Augustinus im 3. Buche von der
Dreyfaltigkeit im 7. cap. bezeuget / Das
auch die sündige Engel vnd herrschafften
in der Lufft/ so in die vnterste Finsternus
als jn jren Kercker aus dem Himel gestos-
sen sind / von welchem die Schwartzkünste alle jre krafft haben / nichts vermögen/
es sey jnen denn von Gott gegeben. Es
wird jnen aber gegeben entweder die betrieger zu betriegen/wie den Egyptiern vñ den
Zeuberern selber geschehen / damit durch
solche jrer Geister verfürungen die in gros
ansehen keinen/welche solches theten / vnd
durch Gottes gerechte Gerichte billich
verdammet würden: Oder die Gleubigen
zuuermanen/ das sie sich hiefür hüten mö-
gen/ darumb es auch in heiliger Schriff t

offenbaret: Oder auch der Gleubigen gedult zu üben / zu probieren / vnd ans Liecht
zu bringen. Denn die sichtigliche Wunderwercke nicht wenig vermügen / sondern
jederman siehet darauff vnd helt sich darnach. Job hat alles das seine verloren /
auch seine Söne vnd Leibes gesundheit.
Vnd man sol darumb nicht wenen / als
müsten den abtrünnigen geistern die sichtigliche Creaturen zu gebot stehen / sondern
viel mehr Gott / von dem solche macht gegeben wird / so viel jm in seiner Gottheit
im seinem hohen vud Geistlichen Throne
gefellet. Denn auch den verurteilten armen Sündern / vnd die zur Bergarbeit
verdammet sind / Wasser / Fewr vnd Erde dienen / das sie damit machen was sie
wollen / jedoch nur so viel als jnen zugelas-
sen wird. Dis sind des heiligen Augustini
Wort.

Hieraus schliessen wir nun / das dieselbe nachlassung wider die versehung nicht
ist / dadurch er alles zu seiner ehre mit seiner
Weisheit regieret. Denn er lesset solches
nicht one vrsache geschehen / als wenn jm
an den

an den menschen nichts gelegen were/ wie
die Epicurer meinen / sondern es hat sehr
billiche vrsachen warumb er solches geschehen lesset/ welche dazu dienen/ das seine ehre den Menschen offenbar werde.

Jch möchte auch von Hertzen gerne
sehen/ das diese vier Vrsachen so obgemel-
det/ mit den erklereten Fragen den Leuten
mit vleis eingebildet würden / sonderlich
zu dieser gefehrlichen zeit/ da wir sehen/ das
die Zeuberkünste mehlich einschleichen/ vñ
das Liecht des Euangelij verdunckeln.

Die onterschiedliche For-
men oder Arten der schwartz-
künstlerey.

Ob wol von vielen mancherley arten
der Schwartzkünstlerey oder Zeuberey erzelet worden/ welche meines erachtens besser ist nicht wissen / als wissen / jedoch auff
das wir so viel mehr abscheu für solche zeuberische eitelkeit haben/ vnd vns dafür mit
grösserm vleis hüten mögen / vnd in des
Teuffels stricke nicht fallen / wollen wir
alleine

alleine die / so wir droben aus dem 18. cap.
des fünfften Buchs Mosi erzelet / mit beschreibungen vnd Exempeln erkleren / wie
ich hiebeuor zugesagt. Dis seind sie aber:
Zeichen deutung / Augen verblendung /
Vogelgeschrey / Zeuberey / Beschwerung
Die Teuffel fragen oder Warsagung /
sonderbare Schwartzkunst / vnd Todten
fragunge. In diesen sollen verstanden
werden alle andere / wie sie mögen genennet werden.

Von der Schwartzkünst-
lerischen Zeichendeu-
tunge.

Gleich wie der Propheten in Gottes Volck Weissagungen von Gott herkomen (denn die heilige Gottes Mensch-
en haben geredt vom heiligen Geiste getrieben / wie Petrus bezeuget) Also ist die
Schwartzkünstlerische Zeichendeutunge
von dem Teuffel. Denn der Teuffel be-
fleisset sich Gott nach zu ohmen / wie sein
Affe / vnd offenbaret was geschehen / jm
doch

doch noch nicht offenbaret iſt / vnd ver=
kündigt was noch geſchehen ſol. Welches
zwar der Teuffel thut / nicht das er den
Menſchen damit diene / ſondern das er
jnen ſchaden zufüge.

Aber ehe denn wir von dieſer Zeichen=
deutunge ſagen / mus eine Frage auffge=
löſet werden. Ob die Teuffel warhafftig
zukünfftige ding wiſſen können oder
nicht? Dieweil es ſich anſehen leſſet /
als wenn es Gott alleine zuſtünde künffti=
ge dinge zuuor ſehen vnd wiſſen.

Antwort. Es iſt ein groſſer vnter=
ſcheid zwiſchen dem ſo Gott zuuor weis /
vnd ſo die böſen Geiſter zuuor wiſſenn.
Gott weis alles zuuor in ſeiner ewigkeit /
vnd ſihet alle zukünfftige dienge als wenn
ſie jtzt weren. Die Teuffel aber auff viel
andere / vnd ſonderlich auff fünff wei=
ſen.

Erſtlich / wiſſen die Teuffel vnd ver=
kündigen zuuor / weñ ſie von den ſchwartz=
künſtlern gefragt werden / beyde was ſie
ſelber vorhaben zuuerrichten / vnd was ſie
durch Menſchen wollen ausgerichtet ha=
ben/

ben. Denn Gott lesset den vnsaubern Geistern zu / vnd solches durch sein gerechtes
Gerichte/das sie die Lufft/Wasser/Erde/
Früchte/Speise/Tranck vergifften / daher komen Kranckheiten/Pestilentz/Theu-
runge des Getreides / vnd andere vngele-
genheiten vnd schoden. Darüber was sie
bösen Leuten/welche sie inen allbereit zugethan wissen/eingeben vnd vberreden wol-
len/ als das sie zwietracht vnd hader an-
richten sollen/ wenn sie dieselben zu mordt
vnd Krieg bewegen wollen / solches können sie zuuor verkündigen/ Derhalben ist
auch kein wunder so die Teuffel solches
was sie selber anfangen vnd anschaffen /
eine zeitlang zuuor sagen / weil auch die
Menschen was sie selber vorhaben andern
leichtlich anzeigen können.

Zum andern / offenbaren die Teuffel
auch etliche künfftige ding/wenn sie sehen
das die natürliche vrsachen/daraus solche
ding kommen müssen / vorhanden sind.
Denn wenn natürliche vrsachen da sind /
so mus das Werck daraus folgen. Derhalben

halben iſt nicht wunder / das die Teuffel
ſolche / wenn ſie von den Zeuberern darumb gefragt/ zuuor ehe ſie geſchehen/ver-
kundigen/weil auch die Artzten vnd Ackerleute offte aus gewiſſen vrſachen etliche
ding anzeigen können/die künfftig geſchehen werden. Kan man doch an den vn-
uernünfftigen Creaturen eine heimliche
anzeigunge mercken/ daraus Regen/ vngewitter vnd andere viel künfftige dinge
können zuuor verkündiget werdē. Dieweil
denn die böſen Geiſter auff die natürliche
ding ſehr vleiſſige achtung geben / vnnd
durch einen langen gebrauch vnnd erfarung gelernt haben/ ſo können ſie on allen
zweiffel von ſolchen dingen gewiſſe zuuor
ſagen. Was wunders iſt es denn/das von
ſolchen dingen / welche aus natürlichen
vrſachen komen / ſie offte/wie es die Zeuberer haben wollen / beſcheid geben können ?
Zum dritten können die Teufel auch
wiſſen / was etwa an fernen ortern entweder geſchehen iſt / oder anfanget zuge-
ſchehen. Denn weil ſie ſehr verſchmitzte
Geiſter

Geister vnd vngleublich geschwinde vnd
schnelle sind / ist jnen sehr leichte beyde
bald ein ding zu mercken was verhanden
ist / vnd in einem hui an allen örtern zu
sein/ das sie alles was geschicht an allen
örtern erfaren/vnd was sie erfaren wohin
sie wollen/ bringen vnd verkündigen kön=
nen. Derwegen können sie jren Dienern/
das ist/ den Zeuberern offenbaren was an
andern auch weit abgelegen örtern vor /
oder angefangen ist Diese vermelden es
den Leuten widerumb/ vnd zeigen künffti=
ge dinge an/damit man sie für Propheten
halte / vnd als für heilige Leute rhüme /
vnd dadurch so viel mehr gelegenheit ha=
ben die Leute zu betriegen. Denn wenn
die Leute an dem orte da die dinge zuuor
verkündigt darnach erfaren/das sichs also
zugetragen/so halten sie die Sager dafür/
als das sie aus dem Geiste Gottes gered/
vnd ehren sie als Gottes boten/ haben ein
verwundern vber sie/vnd thun jnen grosse
ehre/ gleuben jnen auch in andern dingen/
daher denn alle Aberglauben/ sie sind aus
andacht oder aus Zeuberey/ entsprungen
vnd gekommen.   Man

Man sol es aber nicht dafür halten /
als könten die Teuffel durch jren ge-
schwinden verstand die gedancken vnd innerliche hertzen begirden vnd bewegungen
verstehen. Denn es ist geschrieben : Ich
bin der HERR der die Hertzen erforschet / vnd die Nieren erkündiget. Vnd in
der heiligen Schrifft wird Gott offte ge-
rhümet / das er ein Hertzen kündiger sey.
Sondern sie mercken alleine auff die Zeichen / Wörter / Reden vnd Geberden der
Leiber / durch welche des Hertzen gedancken vnd innerliche begirden etlicher maf-
sen angezeigt werden / vnnd hieraus vnd
von andern mit einfallenden anzeigungen
nemen sie jre nachrichtung.

Zum vierden verkündigen die Teuffel auch zuuor / was sie vernommen / das
es etwa von einem heiligen Propheten /
oder gutem Engel zuuor verkündiget / vnd
doch nicht allenthalben offenbar / oder bey
andern noch nicht kundbar worden ist.
Vnd also schreiben sie jnen zu / was sie
von andern haben / brüsten sich damit / vnd
suchen daraus jre ehre vnd rhum / wenn

sie es jren Geistlichen offenbaren / das
menniglich sich vber sie verwundern mus /
vnd sie also die Leute desto besser betriegen
können. Es schreibet Augustinus das die
Teuffel den fall jres Gottesdiensts zuuor
verkündigt / vnd das darumb / das sie jre
Göttliche krafft vnd herrligkeit den Men=
schen vorstelleten / vnd die Schuld solches
falls auff die Menschen / so jnen abtrün=
nig worden legeten.

    Zum fünfften vnterstehen sich die
Teuffel auch offte künfftige ding zuuer=
kündigen / ob sie gleich nichts gewisses /
vnd keine nachrichtungen haben / daher
es denn kompt / das sie offte feilen. Vnd
dieses thun die Teuffel als denn / wenn
nicht alleine hinderung dazwischen kom=
men können / darauff es kan gelegt wer=
den das sichs nicht also zugetragen vnnd
begeben / sondern auch wenn sie vorha=
bens sind die zubetriegen vnnd in verderb
zu bringen/ von welchen bey jnen rhat ge=
suchet worden. Augustinus sagt/ Sie be=
triegen offte aus vorsatz vnnd neidischen
willen/

willen / damit sie sich vber der Menschen
feile vnd jrrthume frewen / Aber auff das
sie bey jren Dienern jre authoritet vnd
ansehen nicht verlieren / machen sie es al=
so / das jren Dolmetzschern vnd auslegern
jrer Zeichen oder anzeigungen die Schult
gegeben werde / wenn sie gefeilet oder ge=
logen haben. Hieher gehören die zweifelhafftige vnd auff schrauben gesetzte ant=
wort der Teuffel / wie zu *Delphis* vnd an
andern örtern gegeben worden. Da *Cræ=*
sus der Lyden König nach der Persen reich
trachtete / schickte er Legaten mit köstlich=
en verehrungen gegen *Delphos* / zu fragen /
ob er einen Zug wider die Perser thun sol=
te. Dieselben abgesandten haben eine sol=
che antwort bekommen. Wenn *Cræsus*
die Persen vberziehen wird / wird er ein
gros Königreich vmbkeren. Durch diese
antwort ist *Cræsus* mutig worden / denn
er jm anders nichts bedüncken lies / denn
er würde des *Cyri* reich einnemen. Aber
der ausgang hat es anders erwiesen / Er
hat zwar ein gros Reich vmbgekeret /
aber nicht *Cyri* / sondern sein eigenes.

Er

Er ist aber durch die zweiffelhafftige wort der Antwort betrogen / vnd die schuld ist nicht auff des Abgotts Propheten / sondern auff den Deuter oder Dolmetzscher gelegt worden. Diesem ist nicht vnehnlich das dem *Pyrrho* zur Antwort worden :

Aio te Aeacida Romanos vincere posse. Welche wort verstanden werden können / das *Pyrrhus* die Vberhand behalten solte / vnd das auch die Römer die Vberhande behalten solten. Vnd die Teuffel brauchen solche zweiffelhafftige reden aus zweien Vrsachen. Erstlich / weil sie die Warheit nicht können zuuor verkündigen / denn künfftige ding sind in Gottes hand alleine. Zum andern auff das sie die Leute betriegen können. Denn die Teuffel haben jre grösseste lust daran / das sie mit betrug die Leute von Gott ableiten vnnd in verderb bringen. Nun wollen wir von der Zeuberischen Warsagung reden.

Zeuberische Warsagung ist / die nicht aus Göttlicher offenbarung / auch nicht aus natürlichen vrsachen etwa künfftige

ding

ding erforschet / sondern solches mit ge=
wissen gefasseten Gebetleinen / vnd son=
derlichen geberden vnnd Ceremonien
thut.

Vnd hier wird darumb gesagt / das
es nicht aus Göttlicher offenbarung ge=
schicht / damit man vnterscheid halte zwi=
schen der heiligen Propheten Warsagun=
gen / (welche / gleich wie sie von dem
Geist Christi in den Propheten herkom=
men / also gehen vnd gereichen sie nur zur
besserung vnd wolfart der Menschen / vnd
zu Gottes ehre) vnd zwischen der Zeube=
rer Warsagungen / welche vom Teuffel
herkommen / vnd gehen vnd gereichen nur
zu der Menschen verderb / vnd lesterlichen
misbrauch des namens Gottes.

Es ist auch gesagt / das sie nicht aus
natürlichen vrsachen herkompt / auff das
man es nicht dafür halte als verwerffe ich
die Astrologei oder Warsagung / so aus
des Himels vnd der Sternen lauff geno=
men wird / welche von allen / so ferne sie jre
ziel nicht vberschreitet / billich gelobt wird.
Denn diese Astrologei verkündiget etliche

ding

dinge/ so gewiſſe geſchehen müſſen/etliche
aber ſo vermütlich geſchehen mögen.
Gewiſſe ding / wenn ſie aus gewiſſen vrſachen von gewiſſen wirckungen ſchleuſ-
ſet vnnd dauon ſagt / das ſie geſchehen
müſſen / als wenn ſie von Finſternuſſen
der Sonnen vnd Monden redet / das ſie
geſchehen werden vnd müſſen. Dieſe ire
Warſagung iſt daher gewiſſe / denn ſie
ſtehet vnd iſt gegründet auff Gottes ord-
nung/ oder auff das / ſo die natur gewiſ-
lich wircket vnd gibt / aus welcher natur
die gewisheit genomen wird. Vermutlich
verkündigt ſie ding / wenn ſie aus ver-
nünfftigen vrſachen etwas ſchleuſſt vnnd
nimet/ das iſt / wenn ſie aus ſonderbaren
vrſachen / welche durch andere heimliche
vnnd verborgene ding können gehindert
werden/künfftige ding nimet / welche ſich
zwar offte zutragen / ob es gleich nicht alle zeit geſchicht/ daher ſaget ſie von künff-
tigen Vngewittern / holen oder dürren
Winden / die bald aus dieſem / bald aus
jenem orte der Welt wehen werden. Item
von Landſterben oder Kranckheiten etc.
                                        Es

Es haben auch etliche Leute so nicht stu=
dieret/ aus erfarung viel ding gemercket /
welche gemeiniglich geschehen. Aus zwei=
en Sonnen/vnd wenn ein fern abgelegen
Land sich scheinlicher als sonst geschehen
pflegt / sehen lesset / verkündigen die
Schiffleute Vngewitter.

Hieher gehören / auch der Ärtzte vnd
Ackerleute anzeigungen / welche aus etli=
chen Zeichen künfftige ding one Aber=
glauben vermelden. Der HErr Christus
spricht Matthaei am 16. Wenn es Abend
ist so saget jr/ Es wird schön Wetter wer=
den/denn der Himel ist rötlich. Des mor=
gens aber saget jr/heute wirds trübe sein /
denn der Himel ist rot. Es seind auch viel
Zeichen gemercket / daraus man etwas so
darauff erfolgen wird/ abnemen kan. Jch
rede hie nicht von Göttlichen zeichen/ wel=
che darumb das sie von Gott herkomen /
gewisse sind / Als/ da der HErr Christus
sagt: Es werden Zeichen an der Sonnen
vnd Monden sein etc. So verwerffen vnd
schelten wir auch nicht die anzeigungen /
welche aus der Vogel fliegen/ von Regen
vnd dürren Wetter genommen werden.

H iiij   Viel

Viel konnen aus jrcs Leibes gebrechlig=
keiten/ darunter ich auch einer bin/ Vn=
gewitter verkündigen / vnd triegen nicht.
Vnd ist nicht wunder das in dem Men=
schen/welcher gleich wie eine kleine Welt
ist / etliche anzeigungen derer dinge ge=
schaffen sind / so in der grossen Welt ge=
schehen. Der Herr *Doctor Petrus Palla-
dius* löblicher gedechtnus /. weiland ein
vleissiger Bischoff in Seeland / vnd be=
rümbter *Professor* in dieser *Vniuersitet* zu
Copenhagen / konte aus alter erfarung
von einem orte seines Leibes / der schad=
hafftig war/ verkündigen/ von welchem
orte des Himels ein Vngewitter herkom=
men würde/ vnd feilete selten. Wir straf=
fen auch nicht die anzeigungen so von der
gestalt der Menschlichen Leiber genomen
werden/daraus mar. uch sehen kan / ob
jemand zu Tugenden oder Vntugenden
geneigt ist. Dieweil aber solches was aus
der natur oder gestalt des Leibes genomen
wird/ nicht vnwandelbar ist / vnnd nicht
notwendig geschehen mus/ so können böse
natürliche neigungen vnd lüste gezemet
vnd

vnd bezwungen werden / wie man vom
Socrate lieſet / vnnd hinwieder können
auch gute natürliche neigungen durch zu=
fallende lüſte gehindert vnnd gedempffet
werden. Aber der iſt recht glückſelig der
den H E R R N fürchtet / vnd vnglück=
ſelig der J N nicht fürchtet / er habe des
Himels figur oder natixitet / vnd geſtalt
des Leibes wie er wolle / ob er gleich dem
Glücke in der Schos ſeſſe / vnnd darin
ſpielete.

Es geſchicht aber die Zeuberiſche
Warſagung auff vielerley weiſe / Als
durch trewme/durchs Los/durch Zeichen/
vnd antwort. Vnter dieſen vier arten vnd
weiſen werden viele andere begriffen/Aber
wir wollen kürtzlich die itzt erzelten erfle=
ren / vnd etlich Weiſen anzeigen/vnd das
darumb vnd der meinung/ das man ſehe/
wie der Teuffel faſt alle geſchöpffe Got=
tes mit ſeinem vnflate beſchmeiſſet / vnnd
ſchonet weder Weltlicher noch Geiſtli=
cher dinge/ damit er die Menſchen nur in
den Tod vnd Verdamnus ſtürtze.

H v   Es

Es geschicht aber die Zeuberische Warsagung bisweilen durch Trewme. Vnnd hie mus man einen vnterscheid machen zwischen den Trewmen / damit man die/ so Zeuberische genand werden / von den andern vnterscheide. Wir wollen aber den vnterscheid von den ersten Vrsachen dauon sie herkommen/ nemen/ denn etliche seind von Gott eingegeben / Etliche kommen von natürlichen Vrsachen / etliche kommen on gefehr / etliche vom Teuffel.

Von Gott sind Trewme eingegeben/ wenn Gott im Schlaffe klerlich anzeiget / das etwas geschehen oder nicht geschehen/ gethan oder nicht gethan werden solle. Vnd dieses wird offte in Bildern fürgestellet. Solche Trewme sind gewesen des Josephs von den Garben / vnd Sternen. Item der Propheten zu welchen vnser HErr Gott durch Trewme geredt hat. Vnd hieher gehöret der Spruch des Propheten / Ich wil von meinem Geiste ausgiessen vber alles Fleisch

Fleisch/ vnd die Jünglinge sollen Gesichte sehen/ vnd die Alten sollen Trewme haben. Diesen Trewmen ist nicht vnehnlich
wenn einem das Hertz im Schlaff saget/
was am tage geschehen sol.

Natürliche trewme sind / welche aus
des Menschen natur fliessen. Denn trewme sind inwendige Wirckungen der Seelen in den bewegungen des Gehirns /
wenn der Leib schleffet. Denn ob gleich
der Leib schleffet/ so schlefft doch die Seele nicht. Vnd diese natürliche Trewme
sind mancherley/ nach der art der menschlichen Leiber feuchtigkeiten oder eigenschafften / Welches daher kompt / wie
Ludouicus Viues schreibet. Es werden
dem Heupte von dem Hertzen / als von
einer quelle etliche subtile dünste oder lufft-
leine hinauff zugeschickt/ derer halben die
Trewme offt derselben dünsten / dauon
die lüfftleine gemachet werden/natur oder
eigenschafft enlich sind/dauon fürnemlich
welche vnter wegen dem auffsteigenden
                                                    dünstlei-

dünſtleinen begegenen / als im Rachen o-
der in der Bruſt / oder am andern orte.
Vnd dieweil die groben dünſte den allge-
meinen verſtand im ſchlaffe einnemen / ſo
kan er von den ſinnen oder jren Wirckungen nicht recht vrteilen / daher kompts /
wenn im Rachen etwas von einem feuch-
tem ſchleime iſt / ſo komet einem etwas
von Waſſer für / wenn vom Blute etwas
da iſt / ſo komet vom Blute für / wenn von
ſchwartzer Galle etwas da iſt / ſo kommet
von trawrigen dingen etwas für / wenn
von gelber Galle / ſo komet von zanck vnd
hader etwas für.　Daher iſts auch / das
den *Sanguineis* / das iſt / in welchen das
Geblüte die andere feuchtigkeiten vbertrifft andere / den *Cholericis* / das iſt / in
denen die gelbe Galle vbertrifft / aber andere / den *Phlegmaticis* / das iſt / in denen
der weiſſe ſchleim vbertrifft / aber andere /
vnd den *Melancholicis* / das iſt / in denen
die ſchwartze Galle vbetrifft / aber andere
ding vorkommen / daher kompt auch /
wenn in Kranckheiten die feuchtigkeiten
des Leibs bewegt werden / ſo trewmet man
offte

offte nach der art der meisten vnd fürne-
mesten feuchtigkeiten. Dieweil denn nu
Trewme zeichen der feuchtigkeiten vnnd
dünste sind/vnd wie ein werck jrer vrsach-
en/ so werden die Artzte dadurch erinnert/
das sie daraus offte abnemen ob der krancke sterben oder lebendig bleiben werde.

Ohngefehrliche trewme nenne ich /
welche aus aller hand verursachungen her
kommen/welche Salomon im Prediger
am 5. cap. meinet/ da er sagt/ Der trawm
kompt von vielen geschefften / oder wenn
einer viel zu schaffen hat. Vnd Syrach
am 34. cap. Der trawm komet von einem
Bilde eines dinges / wie ein bilde eines
Angesichts aus dem gegen vberstehenden
Angesichte.   Denn gleich wie in einem
durchscheinenden vnd hellem dinge / als
im Wasser vnd Spiegel / die Bilder der
dinge scheinen so gegen vber gesetzt werden / vnnd eine gestalt vnnd figur eines
gleichförmigen Angesichts aus dem gegen vbergesetztem Angesichte gemachet
wird/ Also wird auch im verstande durch
krafft der einbildunge ein gemelde oder
                                    gestalt

gestalt derer dinge gemachet / welche man
mit eusserlichen Sinnen pflegt zubegreif-
fen: Daher spricht man:
Was Menschen sinn gewündschet sehr /
Weil er wachet das hoffet er /
Vnd kompt jm für im Schlaff jmmer.

Wie dem geitzigen Fischer im *Theo-
crito* von einem gülden Fische getrewmet
hat. Einem Studenten kompt im schlaff
für / was er am tage wachende vorgehabt /
vnd begreiffet offte im Schlaff was er
wachende nicht hat verstehen können /
denn die Seele speculieret vnd forschet bey
jr alleine heimliche sachen / darnach sie etwas gros verlangen hat / wenn jre Werckzeug die sinne schlummern / vnnd erferet
im Schlaffe was sie wachende offt nicht
erfarn können. Es sihet einer am tage offt
viel sachen / dieselben fasset er eine jede im
Verstande besonders / Solche besondere
vnd vnterschiedliche gefassete / vnd in dem
orte des Gedechtnus behaltene dinge sind
wider einander / vnd dieweil sie der Verstand im Schlaffe nicht kan vnterscheiden /

den / ſo wird aus ſolchen vielen gefaſſe-
ten dingen etwas in ein ding zuſammen
gebracht / welches ſich nicht zuſammen
reimet. Weme nu bey Nachte trewmet /
der erinnere ſich nur was er die vorige tage mit Augen geſehen oder bedacht / vnnd
ſihe ob nicht daraus ein ſolchs vnförm-
lichs ding im trawm gekomen.

Die Teuffeliſche Trewme ſind dreyerley. Erſtlich wenn der Teuffel den
Schlaffenden etwas beybringt one mittel vnd one ſonderliche Verbündnus.

Zum andern / wenn der Teuffel auff
derer / ſo ſich mit jm verbunden / beger /
jnen im Schlaffe etwas offenbaret.

Zum dritten / wenn die Zeuberer mit
jrer Kunſt zu wegen bringen / das den
Menſchen Trewme / was ſie begeren vnd
haben wollen das jnen trewmen ſoll.

Dieſe Trewme alle / weil ſie vom Teufel herkommen / ſind ſchedlich vnd böſe /
däher man jnen auch mit nichten gleuben
ſol /

sol/ ob gleich solche trewme offte war werden. Denn sie haben stets einen bösen ausgang/ sie mögen scheinen wie sie wollen/ darumb sol man von jnen also halten wie jr ausgang ist.

Von der ersten art/ sol man diese gemeine Lehre mercken. Wenn ein Trawm sagt das man etwas thun sol/ so in Gottes Gesetze verbotten ist/ der ist sonder allen zweiffel vom Teuffel/ darumb sol man jm nicht folgen/ sondern sich dafür hüten/ nicht anders als für des Satans stimme/ der vnser erste Eltern betrogen hat. Durch diese Trewme sind viel betrogen worden/ dauon wir etliche Exempel setzen wollen.

Der heilige Augustin zeuget im 4. Buch von der Stad Gottes/ ein schön Exempel an/ vnd sagt: Das ein Römischer Bawer gewesen *Titus Latinus* genant/ welchem im trawm befohlen worden im Rahte anzumelden/ das sie eine *Comœdia* agieren oder spielen solten. Als er sich geschewet es den folgenden tag auszurichten/ ist es jm in der ander Nacht mit grösserm ernste befohlen worden/ vnd ist vmb

ist vmb seinen Son gekomen / das er es
nicht ausgerichtet. In der dritten Nacht
ist es jm dasselbe wider befohlen worden /
vnd wie er noch nicht gehorsamet / ist er in
eine schwere vnd schreckliche Kranckheit
gefallen. Er hat es aber durch raht seiner
Freunde / endlich dem Rathe angemeldet /
vnd als er in einer senffte vor den Raht
getragen / vnd den Trawm angezeigt / ist
er bald gesund worden / vnd auff seinen
Füssen wider dauon gangen. Der Rhat
ist durch solch Wunderwerck erschrocken /
vnd hat geschlossen Spiel anzurichten / die
vier mahl mehr gestanden.

Man sagt von einem Kriegsmanne /
der ein ehrlich Weib lieb gewonnen / welcher er teglich mit mancherley freundlich-
en worten nach jrer ehre trachtete / da jm
aber nicht widerfaren könte was er suchet /
hat er den Teuffel / das er jm hierin wolte
zu hülffe komen. Der Teuffel gibet jm
bey der Nacht im Trawme ein / wie die
Frawe / welche er so hefftig liebte zu jm
keme / selber ins Bette stiege / vnd jn hertze-
te / vnnd als jm dauchte er hette seine lust

J   mit

mit ir gebüsset/ ist er erwachet/vnd hat be=
funden/ das jn der Satan in einen vnfle=
tigen Koth ausser der Stad geführet/da er
eines heslichen todten Esels als geküsset/
damit man anderer heslicher Sachen
schweige.   Dis Spiel ist sonder zweiffel
dem Teuffel ein sehr lustig ding gewesen/
vnd hat auff einen solchen buler gehöret.
Vnd ist zwar zuuerwundern/das Kriegs=
leute dem Teuffel noch so vleissig zu Hofe
oder dienste zu ziehen/nach dem er so einen
schlimmen possen einem jres standes ge=
rissen.   Aber was thut der leidige Geitz
nicht? Man sagt von einem/ (welchem
die Teuffel offte erschienen/die er doch für
Engel Gottes gehalten) dem hat getrew=
met/ er hörte Christum jm mit heller stimme befehlen / das er sich in einen Brun
stürtzen solte. Der arme man gehorchet
der stimmen vnd stürtzet sich in den Brun.
Vnd ist kein zweiffel das viel die jnen sel=
ber leide thun durch solche Trewme betro=
gen werden.

Bapst Joannes hat getrewmet / das
der verstorbenen Seelen durch Messen
                                                        aus

aus dem Fegefewr errettet würden / vnd
das er gehöret die Teuffel weinen vnnd
weheklagen / da jnen die Seelen durch
Messen vnd begengnissen genomen wür=
den. Aus diesem Trawme ist der grewel
der opfferung in der Papistischen Messe
für die lebenden vnd todten gekommen.

Die Brigitta in Schweden hat viel
Trewme gehabt / das man die heilige
Jungfraw Maria anruffen solte. Dar=
durch ward sie in der Abgötterey gester=
cket. Vnd das solche Trewme vom Teu=
fel gekommen / ist aus dem ausgang leicht=
lich zu sehen.

Von der andern art sol dis die gemei=
ne Lehre sein: Wer da begeret das jm der
Teuffel im schlaffe künfftige ding sol of=
fenbaren / der ist des Teuffels diener / vnd
wer den Trewmen gleubet / der hat Gott
verleugnet / den Glauben verworffen / vnd
sich dem Teuffel ergeben.

Von der dritten art / wenn einer
nicht wissen kan ob jemand durch Zeuber=
kunst getrewmet / oder nicht / so betrachte
er die

er die meinunge des Trawms / das ist /
was er haben oder nicht haben wolle/ vnd
hüte sich das er nichts wider Gottes gebot
anfange / Vnnd kürtzlich zu sagen: Er
halte sich nach der ersten gemeinen Lehre.
Dieser art wil ich nur ein Exempel / welches wol zu mercken hieher schreibenn.
Nectanebus ein Zeuberer weiland König
in Egypten/ist in Macedonien bey regie-
rung König Philips komen/vnd hat allda
die Philosophey geleret / vnnd mit seiner
Zeuberkunst zu wegen gebracht / das der
Olympias der Macedonier König Philips
Weibe/ von welcher darnach der grosse
Alexander geboren ist/ trewmete/ *Iuppiter*
welcher zu Hammon als ein Gott geehret
ward/würde sie zur Ehe nemen/ vnd von
jm würde sie mit einem Sone schwanger
werden.

Es verhelt sich aber vmb diesen betrug also: Als *Nectanebus* der Zeuberer
eine zeitlang die *Philosophiam* (vnter welche die *Magia* oder Zeuberkunst zu der zeit
auch mit begriffen war) in Macedonien
geleret/ hat jnen von wegen das er ein guter

ter Warsager geachtet / die *Olympias* zu
sich beschieden/ er sie zu vnterrichten / wie
es jr noch endlich ergehen würde. Denn
es war eine gemeine sage auskomen / als
würde der König Philips sie verstossen
vnd von sich scheiden / vnd eine ander zur
Ehe nemen. Da er gekommen / fragt jn
die Königin von derselben gemeinen sa=
ge/ welcher er geantwortet / das solche sa=
ge mit nichten zu verachten oder vergeb=
lich were. Leret sie auch wie solchem vn=
rahte vorzukommen / vnd damit der vn=
keusche Zeuberer sein Bubenstück ins
Werck setzen möchte / sagt er / das jm/ da
er noch in Egypten gewesen / von Gott
offenbar worden / wie er einer Königin
einen raht geben solte / dadurch sie aus ge=
fahr errettet würde / vnd setzet dazu / das
sie vieleicht dieselbe Konigin sein möchte.
Darauff fragt sie/ welches der rhat were /
vnd er sagt / Jupiter / der zu Hamon für
einen Gott geehret wird/ begeret bey dir zu
schlaffen / das du von jm eines Sones
schwanger werdest / welches halber dein
König dich nicht wird verstossen. Mit

diesen

diesen worten gehet der Zeuberer dauon /
vnd bringet durch seine kunst zu wege/das
der *Olympias* die folgende nacht trewmet
sie were vom Jupiter Hammon schwanger worden/ welches auch gleich zu der zeit
irem gemahle dem Philip/ so in den Krieg
verreiset/ durch dieselbe Kunst getrewmet
hat. Hierauff achtet die *Olympias*,die sache
gantz gewisse/vnd hat gros verlangen/das
es möge ins Werck gerichtet werden/ Be-
scheidet derwegen des folgenden tages den
Nectanebum zu sich/vnd fragt jn / wenn
der Jupiter komen werde. Darauff saget
vnd befihlet er/sie solle eine schlaffkammer
vnd ein bette bereiten / darinnen sie einen
solchen stadlichen Breutgam empfange /
Setzet auch dazu / das Jupiter in eines
Drachen gestalt komen vnd eines Bocks
Heupt vnd Hörner haben werde. Die Königin erschrickt vnd spricht/Sie könne bey
einem solchen Breutgam nicht schlaffen.
Aber Nectanebus saget / wenn du dich
fürchtest/so mache mir ein Bette in deiner
Schlaffkammer nahe bey deinem Bette /
so wil ichs machen das dir kein leid sol widerfaren. Das Weib gleubet balde/(wie
denn

denn ein jeder was er gerne siehet / bald
gleubet) thut also / richtet die Kammer vnd
das Bette zu auffs aller herrlichste / vnd se=
tzet dem Zeuberer auch ein Bette nahe bey
jrem. Des Abends legt man sich nider / vñ
die Königin gzieret vnd ballamieret steiget
auch in ire Bette / vnd der Nectanebus legt
sich in das / so zu nehst bereitet war. Wie
nu die Diener herausser gangen vnnd die
Thüren zugemachet / nimet Nectanebus
der gelegenheit war / vnnd bringet mit
schwartzkunst zu wegen / das er selber wie
ein Drache mit einem Bocksheupte vnd
hörnern nit one erschütterunge des gantz
Saals sich sehen lesset. Was thut die O-
lympias? Sie meinet das es der Jupiter
von Hammon sey / wie der Zeuberer ge=
sagt / nimet jn in jr Bette / wird schwanger
von jm / vnd gebieret endlich einen Son /
den Philippus Alexander genennet hat.
Daher ists kommen das eine gemeine rede
gewesen / Alexander were des Jupiters zu
Hammon Son / da er doch des betriegli=
chen Zeuberers Son gewesen. Aber dieser
betrieger bekompt nicht viel jahr darnach
seine rechte straffe vmb solcher Büberey.

J iiij   Denn

Denn als der Son Alexander erwachsen
vnd vom Nectanebo seinem Vater etwas
von der Zeuberkunst gelernet hatte / sind
sie einsmahls beyde zu Abends jrem ge=
brauche nach spacieren gangen / vnd auff
einen hohen Berg gestiegen nicht ferne
vom Schlosse gelegen / daselbst hat Alex=
ander seinen Praeceptor von hindenzu
vnuersehens herunter gestürtzt/dadurch er
den Hals an einen Fels so sehre zerstossen/
das er nicht konte lebendig bleiben. Als er
so tödlich verletzt geklagt warumb Alexan=
der das gethan / Hat Alexander seiner ge=
spottet vnd gesagt / du solst viel mehr vber
deine Kunst klagen die du ausgeben / weil
du nicht gewust hast was dir auff Erden
widerfaren würde/so magstu nu rücklings
den Himel vergebens anschawen vnd for=
schen / demnach du diesen fall nicht hast
zuuor wissen vnd verhüten können / wel=
chem Nectanebus geantwortet. Kein
Mensche kan verhüten/was jm aufferlegt
oder bescheret ist / vnnd hat dazu gesagt:
Da ich noch in Egypten war habe ich ge=
wust/ das mich mein eigen Son ein mahl
vmb

ombbringen würde. Als Alexander darauff gesagt / Was bistu mein Vater?
Hat Nectanebus jm erzelet wie er aus
Egypten flüchtig/vnd von einem Könige
ein Philosophus oder Naturkündiger/vnd
des Alexanders Mutter teilhafftig worden were / vnnd ist also elendiglich gestor-
ben/ vnd entpfenget nu in der Helle den
Lohn seiner Kunst. Es ist kein zweiffel
der Teuffel hat an diesem spiele ein gros
frolocken gehabt / welcher nichts denn derer so jm anhangen verderben suchet. Lasst
vns derwegen Gott fürchten/ vnd bitten /
das er vns für solchen Teuffels betriegen
behüten wolle.

Die andere weise der Schwartzkünstlerischen Wärsagunge geschicht durchs
Loss/ auff Lateinisch *Sors* genandt. Es
wird aber das wort *Sors* mancherley verstanden. Erstlich für den theil oder stü-
cke/so einem zukompt oder zufelt / als in
Erbschafften oder andern sachen/ wie die
auch seind. Zum andern bedeutet das
wort *Sors* einen Heuptstand oder Heupt-
summa / entweder was von zween oder

mehren geſelſchafften zu einem gemeinen
handel zuſammen geſchoſſen iſt / oder die
Heuptſumma der Gelder ſo auff zins auis
geliehen ſind. Zum dritten bedeutet das
wort *Sors* zeichen/ welcher ſie die/ ſo theile
mit einander an einem dinge haben/ vnter
ſich vereinigen/damit ſie die gemeine Güter teilen/ vnd wird gemeiniglich ein *Sors*
diuiſoria/ das iſt / ein theil Los genand:
Oder/damit einer jeden Perſon / die zum
Los gehören zugeteilet wird / was er thun
oder ſein Ampt ſein ſol. Vnnd dis wird
Sors conſultoria, das iſt/ein raht los genãt.
Dieſe beide Loſe/ wenn ſie one Aberglauben gebraucht werden/ſind nicht böſe/vnd
bisweilen müſſen ſie auch notwendig gebraucht werden. Zu vierden wird das wort
Sors auch für eine weiſe der Warſagunge
gebrauchet / vnd heiſſet *Sors diuinatoria* /
das iſt/ ein Warſager Los / vnd bisweil-
len auch *Sortilegium.* Solches Los wird
auff mancherley weiſe gebrauchet / denn
etliche werden zu Schimpff oder ſchertz-
ſachen ohne Aberglauben/ etliche zu Zeu-
ber-

berfachen die in Gottes wort verbotten sind gebrauchet.

Schimpff oder Scherßlos sind / die zum scherß vnnd lust geschehen / darauff man mit ernste nichts gibt / oder bawet / Als wenn ich heisse / das einer ein Buch auffthun / vnnd jm einen Vers in einer gewissen zeile erwelen solle / vnd ich sage jm aus demselben Vers aus scherß was jm widerfaren werde / vnnd der nimets auch also im scherße auff. Vnd wenn gleich gesch ehe was aus dem Scherßlos verkündigt gewesen / so mus man es doch demselben Los nicht zuschreiben / sondern andern vrsachen. *Erasmus Roterodam,* mit welchem *Ioannes Bibliopegus* viel gemein= schafft gehabt / da er mit *Christiano* dem andern / weiland König in Dennemarck in der flucht war / hat eins mahls im Scherße geheissen / das *Bibliopegus* mit einem Messer das Buch *Ilias Homeri* ge= nant / auffmachen vnd anzeigen solte / wel= chen Vers an der zal auff der rechten seite er haben wolte / *Bibliopegus* thuts / vñ *Eras= mus* saget im scherße *Bibliopegus* würde

ein

ein sehr reichs Weib bekommen/aber eine
böse/ welche er endlich jrer bosheit halben
würde setzen lassen. Diese Warsagung
ist leider war worden/welches doch sonder
allen zweiffel aus andern vrsachen mus
gekommen sein. Aber der böse Geist hat
dieses vieleichte also zu wegen gebracht/
das er die Leute damit verleitete/das sie solche liederliche Warsagungen für gewisse
hielten.

Zauberische Loß sind/ wenn die Leute
durchs loß im ernste etwas fürhaben vnd
daraus zu wissen begeren das noch ver-
borgen ist. Zu dieser warsagung ziehen sie
viele/als/wenn die zeichen verruckt werdē/
wenn beschworne Würffel ausgeworffen
werden. Wenn man plötzlich ein ding ansihet. Wenn einem ein Mensch oder vn-
uernünfftig Thier / als ein Hase / on gefehrlich begegnet/vnd vmbher leufft. Wie
Augustus es für ein böse glücke hielt/wenn
im der lincke Schuch vber den rechten
Fus angezogen ward. Dieser art ist/
wenn Wein oder Saltz im anfange des
essens verschüttet wird / jenes helt man
gemei-

gemeiniglich für ein guts / dieses für ein
böses glücke.   Ich kenne einen gelerten
Jüngling vom Adel / der ein mahl das
Saltzfas on gefehrlich vmbsties / welches
seine Tischgesellen für ein böse glücke hiel-
ten/ rieten jm derwegen / das er sich den
Tag wol fürsehen solte. Was geschahe?
Denselben Tag bekam er eine Wunde /
dauon er nach wenig tagen starb. Diesen
mordt hat der Teuffel sonder allen zwei-
fel bestellet durch Gottes verhengnus/das
derselbe Aberglaubische whan bey den
Menschen die da waren als das Saltzfas
vmbgestossen ward / bestetigt würde.
Denn gleich wie nach dem das Saltz
vmbgestossen offt glück erfolget / also folget offte nach Wein vergiessen Mörde /
vnnd andere vnthaten.   Derwegen kan
man weder der verschüttung des Saltzes
noch des Weins schult geben.

    Man findet Leute/ welche stoppeln da
je eine lenger ist als die andere/samlen/vnd
daraus nemen / wie lange oder kurtze zeit
sie leben werden / denn wer blindelings on
gefehr die lengste ergreifft/ der wird geachtet
tet das

tet das er lenger leben werde/denn der eine
kurtzere ergriffen hat / Aber was ist liederlicher denn diese Warsagunge? Hieher
gehöret/ wenn einer etwas thun wil mit
einem bescheide/ der nichts zur sache thut/
Als/ wenn jm einer einen weg zu gewisser
zeit anzufangen fürnimet / wo ferne jm
kein alt Weib vnterm Thore begegnet.
Welcher bescheid oder anhang zwar nicht
für eine Vrsache / auch nicht für ein
Werck zu achten/ so aus einer Vrsache
erfolget/ Wird auch von Gott nicht ge-
schaffet/ Ist auch kein zeichen von natur
oder sonst geordnet / dabey man abnemen
konte/warumb der weg glücklich oder vnglücklich geraten solte. Aber liederliche
Leute erdichten jnen solche ding / weil sie
lust zu solchem narrenwerck haben. Kürtz-
lich/alle zeichen/der mā keine vrsachen aus
der natur nemen kan warumb sie in acht
zu habē/gehören hieher/welcher die Mün-
che/so sich der Zeuberey beflissen/viel erze-
len/vnd vnter die losungen rechnen. Wir
wollen vns aber an dieser kurtzen verma-
nung begnügen lassen/ vnd einen Vnterscheid halten zwischen vergeblichen vnnd
nützli-

nützlichen oder notwendigen Losen/welche
Gott regieret / nach dem Spruche. Das
Los wird in die Schos geworffen / aber
Gott regirt es. Von den onzuleslichen vñ
zeuberischen / damit wir nicht alle los aus
onuerstande / verwerffen in massen etliche thun/welche / wenn sie hören / das ein
los verworffen wird / es dafür halten als
weren alle verworffen/welches aus onuerstande geschicht / denn sie one onterschid
onter dem gemeinen namen des loses alle
los verwerffen. Die dritte weise der Zeuberischen warsagung geschicht durch zeich-
en/diese art setzen etliche onter die los/Aber
ich setze die zeichen darumb besonders / damit ich desto klerlichern onterscheid mache
zwischen den dingen/welche gewislich des
Satans werck sind/vnd denen welche dem
Glücke vnd Gottes versehung aberglew-
bisch zugeschrieben werden. Vnd ich nenne hie Zeichen / nicht welche die Zeuberer
machen/ als Zeichen / Creutz /Bilder etc.
sondern was auff der Zeuberer gebete vnd
beschwerung oder Zeubereien durch des
Teuffels wirckunge in etlichen nicht lebenden dingen/so dazu gebraucht werden/
sich sehen lassen. Wenn diese Zeichen sich
in irdisch-

in irdischen dingen sehen lassen/ so heisset
die Warsager kunst *Geomantia*/als an der
Zeuberer nägel.　　Denn es sind etliche
Schwartzkünstler/welche/wen̄ sie gefragt
werden vmb die/ so etwas verwirckt ha-
ben/aus jren Nägeln/darauff der Teuffel
die sehen lesset/ darumb sie gefragt werden/
dieselben Vbeltheter anzeigen können.
Desgleichen erscheinen auch auff der Zeuberer begeren offte solche Bilder in einem
gepoliertem Eisen oder Steine. Es weis
menniglich/ das die so verborgene schetze
suchen darzu ein Christall gebrauchen/
in welchem sie mit jrer vermaledeiten
Kunst zu wege bringen/ das ein Knabe in
dem Chrystal den ort da der Schatz ist/se-
hen kan. Ich halts aber dafür/ das wenig
dauon sind reich worden.

Wenn solche Zeichen sich im Wasser
sehen lassen/heisset die Kunst *Hydroman-*
tia. Es mischen die Zeuberer bisweilen
Menschenblut mit Wasser/ vnd bringen
zu wege/ das derer darumb sie gefragt
worden/ gestalte oder Bilder in dem
Wasser sich sehen lassen/ welche sie darnach

nach denen zeigen / so darumb fragen:
Menschen blut thun sie darumb dazu /
weil sie gleuben / das die Teuffel am Blut
gefallen haben / welches ich zwar wol gleu
be / wenn es vergossen / vnd nicht wenn es
verhütet wird. Bisweilen giessen sie ge-
schmoltzen Bley ins Wasser / darin dru-
cken die Teuffel derer Bilder dauon sie
gefragt werden. Etliche machen viel
Pappirlein / darauff der verdechtigen namen geschrieben sind / in Leimen / vnd sen-
cken sie ins Wasser / vnd warsagen darnach von gestolenen dingen.

Wenn man in der Lufft Zeichen sihet / so heisset es *Aeromantia*, Wenn im
Fewr / *Pyromantia*. Vnd also misbrauchet der Teuffel alle Elementen Gottes
zu betriegereien. Aber wer kan alle des
Satans betruge erzelen / welche vnter den
vieren begriffen sind? Von allen aber sol
man diesen des heiligen Augustini spruch
behalten: Alles was die Teuffel thun mit
worten / Bildern / Zeichen / Zügen / Ge-
sichten / vnd dergleichen / das thun sie alles
die Menschen damit zubetören.

K   Ferner/

Ferner/weil wir allhie von der Warsagunge handeln / welche durch Zeichen
oder anzeigungen geschicht/ die das jenige
anzeigen/ darumb sie gefraget worden/ so
kan hie füglich gefraget werden von etlichen Zeichen oder anzeigungen / die nicht
von Zauberkunst herkomen / ob es gleich
aus Aberglauben / jedoch von sich selber
one einig geprenge vnd gebetleine / dardurch bisweilen heimligkeit offenbaret
wird/ geschicht.

Vor zeiten/ ist in Norwegen vnd an
andern vielen örtern / wenn man nach
Mord/oder Ehebruch forschete/ dem verdechtigem ein glüend Eisen in die Hand
gegeben / vnnd weun die Hand nicht ver-
brand ward/ so hielt man denen/ so zuuor
verdechtig gewesen/für vnschüldig/ Ward
sie aber verbrand/so verurteilete mã jn als
der der Vnthat schuldig were. Gleich ein
solches ist das auch / da man etwa die er-
kündigung mit siedendem Wasser genommen. Der vnschüldige hat seine Hand one
verle-

verletzunge in das Wasser gethan / der
schuldige aber ist verbrüet worden. Von
beyden diesen erkündigungen / die nem=
lich mit dem glüenden Eisen / vnd sieden=
dem Wasser geschehen / sol man wissen /
das keine zimlich ist.   Denn es kommen
daraus zwo grewliche Sünden / Nem=
lich / Muttwillige versuchunge Gottes /
vnd verkerunge Gottes ordnung. Vnd
wird derhalben im Buche *Decretum* ge=
nandt / *Causa 2. quæstione 18.* recht ge=
saget : Das man durch peinigung mit
glüendem Eisen / oder siedendem Wasser
von jemands solte ein Bekentnis erzwin=
gen/das lassen die heiligen ordens Regeln
nicht zu : Vnd was mit der heiligen Vä=
ter lehren nicht ist bestetiget / das soll man
durch aberglaübischen Vorwitz nicht be=
ginnen. Denn die vnthaten soll man
straffen / welche durch gutwillig bekent=
nus/ oder Zeugen aussage kundbar wor=
den. Die heimliche vnd verborgene aber
soll man dem befehlen / der allein die Her=
tzen der Menschen Kinder kennet.

Man fraget auch von der gebreuchlichen
erkündigunge/ wenn man nicht weis wer
den Mord begangen/ so wird dem/ welcher
deshalben verdacht/ befohlen den Todten
Cörper anzurüren/ wenn als denn etwa
aus der zugefügten wunden/ oder aus des
entleibten Munde oder Nasen Blut rin-
net/ so wird der so jn angerüret verurtei-
let/ Wo aber kein Blut heraus rinnet/
wird er für vnschüldig geachtet. Ich
zwar wolte das entweder solche erkundi-
gunge vnterwegen gelassen würde / weil
sie Abergleubisch vnd wider Gottes ordnung ist/ oder aber/ das sie nicht mit ernst
gebrauchet würde/ das ist / nicht das daraus eine gewisse anzeigunge der Vnthat
genomen würde / sondern das damit von
den verdechtigem ein gutwillig bekentnis
gebracht werden möchte. Aber was sage
ich? Es were besser das man mit solchen
wichtigen sachen in der furcht Gottes
nach der ordnung die Gott gemachet/
vmbgienge.

Es möchte mir hie einer von des
Abels blute vorwerffen/ welches aus der
Erde

Erde vmb rache zu Gott ſchreiet.   Antwort.   Daſſelbe geſchrey iſt nichts anders denn in Cain das erſchrecken ſeines
Gewiſſen von wegen des Mords / denn
er an ſeinen Bruder begangen. Ein ſolch
geſchrey hören in jren gewiſſen alle Mör-
der/oder werden es zum wenigſten hören/
wenn ſie mit dem Tode ringen.

Für lecherlich aber vnd abergleubiſch
halte ich den newen Fund/ das ein Weib
des Ehebruchs halben verdechtig / in ein
Waſſer geworffen wird / ich weis nicht
wie / mit gebundenen henden vnd Füſſen.
Wenn ſie als deñ nicht zu grunde gehet/ſo
iſts eine anzeigung das die vnthat nicht
mit Waſſer / ſondern mit Fewr ſolle ge-
ſtraffet werden / fellet ſie aber zu grunde /
ſo wird ſie als vnſchüldig los gelaſſen.
Dieſen fund als Abergleubiſch vnnd des
Teuffels ſpiel verwerffe ich aus vrſachen/
die ich kurtz zuuor aus dem Buche *Decre-*
tum genand / angezogen. Was ſie jnen
aber trewmen von der art der ſtraffe / iſt
ein vergeblich gedichte/ Denn der Obrigkeit wird frey gelaſſen mit welcher ſtraffe

sie verfaren wil / es sey mit Wasser oder
mit Fewr / wenn sie nur straffet / vnd der
vbelthat nicht nachhenget / oder schonet
etwa aus nachlessigkeit oder vnzeitiger
barmhertzigkeit / welches denn die gemein=
schafft / so vnter den Menschen sein soll /
zertrennet / oder wird dadurch beleidiget.

Die vierde Weise der Zeuberischen
Warsagung geschicht durch den bescheid
vnd antwort / welche der Teuffel entwe=
der durch lebendige Menschen / oder durch
der verstorbenen Gespenste gibt. Beyder=
ley art verdammet Gott in seinem oben
aus dem 18. Cap. des fünfften Buchs
Mosi angezogenem Gesetze. Die erste /
da er spricht. Es sol keiner sein / der einen
Warsager geist frage. Vnd diese stehet
am sechsten orte. Die lezte da er spricht:
Auch nicht der die verstorbene frage.
Vnd diese stehet am achten orte. Aber
von diesen beyden wollen wir kürtzlich re=
den. Die erste wird genant / ein bescheid
oder antwort welche *Pytho* oder ein War=
sager Geist gibt. *Pytho* ist ein name einer
Schlangen / welche *Apollo* mit seinen pfei=
len

len erschossen / daher er auch *Pythius* ge=
nant worden. Vnnd weil *Apollo* welcher
von desselben that *Pythius* genant ward /
von wegen seiner Warsagungen sehr be=
ruffen war/ist das wort *Python* gebraucht
worden für einen Warsager geist / durch
welchem die besessene künfftige ding offen=
bareten. Vnd die / welche dieser Geist be=
saß / wurden *Pythonici* genant. Dieweil
auch die Pythische Warsagungen gewis=
ser geachtet wurden/als die zu Dodon vnd
Ammon geschahen / inmassen auch *Cræ-*
sus bezeuget/ists daher gekomen/ das man
eine jede warsagung Pythonisch geheis=
sen. Daher ist erfolget / das die Wei=
ber / welche durch eingebung des Teuf=
fels warsageten / *Pythonissæ* genant wor=
den sind. *Plutarchus* schreibet / das vor
zeiten die *Pythonici* sind *Engastrimythi*
genand gewesen / welches bedeutet / als
die durch den Bauch reden. Vnnd dis
wort findet man in den 70. Dolmetzschern
im 19. Cap. des dritten Buchs Mosi. Jr
sollet den *Engastrimythis* oder die durch
den Bauch reden / das ist / den Pythonen

K iiij   oder

oder warsager geistern nicht gehorchen daher ist / leichtlich Zuuerstehen / was im
Mose sey *Pythonem* fragen nemlich eine
Pythonisse / das ist / eine iede Zeuberinne
fragen die durch einen vnsaubern Geist /
den sie bey sich hat / andwordt gibet. Einen solchen geist hat der heilige *Paulus* von
der dirnen ausgetrieben / wie in der Apostel
geschichte am 16.Ca.geschrieben stehet. Die
andere weise der warsagunge / welche durch
bescheidt oder antwort geschicht / ist / wenn
der Verstorbenen gespenste / oder geister
auff Zeuberische gebetleine / darzu auch
Menschen blut gebrauchet wirdt / sich sehen lassen vnd warsagen. Dieser betrug
aber wirdt *Necromantia* genandt. Von
welcher *Varro* schreibet / das sie von denn
Persern her gekommen / vnd er saget das
der *Numa* / vnd darnach *Pythagoras* mit
derselben vmbgangen. Dieser betriegerei
wird im 1.Buche der Konige am 28.c. gedacht / do die *Pythonisse* auff Sauls bitte
des Samuels gespenste herfur brenget /
Welches Saul von kunftigen dingen fraget. Dan es mit nichten darfur zuhalten /
das

das das Gotloß weib den Samuel selber
von den todten erwecket. Denn Gott kan
alleine todten lebendig machen / Sie hat
aber nur des Samuels gespenste / das ist
ein falsch gesichte das dem Samuel ehn-
lich gewesen / durch des Teufels kunst fürgestellet. Und irret nichts / das die heilige
schrifft solches gespenste den Samuel genennet / denn die Bilder pflegen mit derer
welchen sie gleich sind / namē genennet zu
werden / inmassen auch Augustinus in seiner antwort auff diese frage bezeuget. Ob
auch der Satan / wenn er so gefraget wird
bisweilen die Warheit offenbaret / wie
denn dis des Samuels gespenste / die warheit von des Sauls unnd seines Sons
tode zuvor verkundiget hat : So ist doch
sein vorhaben nicht die Warheit zu erreci-
dingen / sondern das er die Menschen / so
jn umb künfftig ding fragen / mehlich in
sein Netze bringe / bis er sie gentzlich eingenommen. Darumb auch Christus die
Teuffel (welche die rechte Warheit sagten : Du bist Christus Gottes Son) hat
stills schweigen heissen / uns zu lehren /

das wir nicht den Teuffel vmb die Warheit fragen / noch sie von jm hören sollen.
Dasselbe leret vns auch was der heilige
Paulus in 16. Cap. der Apostel geschichte
gethan / denn ob wol die *Pythonissæ* war
gesagt / da sie teglich hinder Paulo vnnd
seine gesellen schric: Diese Menschen
sind Knechte des höchsten Gottes / die
euch den weg der Seligkeit verkündigen:
so verdros es doch Paulum / darumb trieb
er auch den Pythonem von der dirnen
aus / damit bezeugende / das auch die
Warheit von den Teuffeln nicht ange-
höret werden solle.

Von der Zeuberischen Au=
gen verblendung.

NAch der Zeuberischen warsagung
setzet Moses die zeuberische Au-
genverblendunge / welche / wie
man sagt/Mercurius sol erfunden haben.
Es sind aber zweierley verblendungen /
nemlich/ der Landferer vnd der Zeuberer.
Jene

Jene sind als nerrische zuuerlachen / von welchen wir hie nicht handeln. Diese/ als: wider Gott / sol man vorwerffen vnd verfluchen. Denn Verblendungen sind betriegereien / damit der Menschen augen also betrogen vnnd eingenommen werden / das das jenige / so vor den Augen ist/ ein anders scheinet denn es an jm selber vnd in der Warheit ist. Daher heisset man Zeuberische Verblender / welche durch Zeuberkunst machen können / als were ein ding / so man mit Augen siehet / in ein anders verwandelt. Denn sie verwandeln es in Warheit nicht / sondern verblenden die Augen/ das es scheinet als were es verwandelt/ dieweil der Teuffel Gottes Creaturen nicht kan anders schaffen / Er kan aber Menschen sinne betriegen / in massen aus dem heiligen Augustino droben geleret ist. Derwegen soll man mit nichten gleuben /. als könten die Teuffel die geschaffene ding anders machen / vnd in eine andere gestalt verwandeln.

Dem-

Demnach auch pflegt gefraget zu werden / ob die Zeuberinnen bey Nachte an
einem gewissem orte sich samlen/ wenn sie
andere gestalten an sich genomen/vnd mit
einander essen vnd trincken? Man sol es
gewisse dafür halten / das es betriegereien
sind/ die von den Teuffeln herkommen/
welche derer Menschen/denen düncket/als
wenn die Zeuberinnen jnen vorkommen /
Augen verblenden / das sie nichts anders
wissen/ denn sie sehen etwas/welches doch
nirgends ist. Es haltens die Zeuberinnen
wol selber dafür / Es ist aber in Warheit
nur der Teuffel betrug. Denn dieselben
abgefimete Feinde verblenden vnd betriegen der armen Menschen sinne / das sie
gleuben es geschehe alles also / da es doch
nichts anders ist / denn böse Geister vnd
verblendungen der augen. Weil ein Land-
ferretischer bettieger die augẽ also verblenden kan/ das den Menschen düncket es geschehe etwas/das doch nicht ist/ Was solte der böse Geist nicht können/ der ein tausent Künstler ist? Diese geistliche schalck-
possen kan der Fürst/welcher macht in der
Lufft

Lufft hat/ der in den Kindern der bosheit vnd Gottlosen krefftig ist. Aber wollan/ wir wollen etliche Exempel solcher verblendungen betrachten. Ich wil hie nicht die Fabeln oder gedichte von des Vlyßis gesellen erzelen/ welche in vnuernünfftige Thiere / wilde Schweine / Lewen/ etc. verwandelt sein sollen/desgleichen von des Diomedis gesellen/ die/ als man sagt/ in Vogel verwandelt sein sollen. Wie Philip.der Macedonier König sehre zweifelte/ ob sein Weib *Olympias* vom Jupiter zu Hammon were schwanger worden/ oder von einem andern/ hat der Zeuberer *Nectanebus* / damit er die *Olympias* aus solcher verdacht brechte/ mit seinen zeuberischen verblendungen zu wegen gebracht/ das/ als sie beyde *Philippus* vnd *Olympias* in einer herlichen Gasterey sassen/ein Gesichte in bey sein vieler grosser Herrn mit einem starcken Winde/ in gestalt eines Drach/enin die Gaststube zu der *Olympias* kam/ vnd sie küssete/ welchen sie auch hinwider geherßet vnd geküsset hat. Da sie solches etliche stunden getrieben/ ist er in einen

einen Adeler verwandelt vnd weg geflo-
gen. Durch dis Gesichte ist Philippus
betrogen worden / das er gegleubet / die
Olympias were gewislich vom Juppiter
schwanger / vnnd ist also zu frieden gewesen.

Zum heiligen Machario welcher in
der Wüsten gewonet / sind einer Jung-
frawen Eltern gekommen/ welche sie verloren hatten/ jedoch also / das sie meine-
ten sie were in eine Kuhe verwandelt/ weil
sie nichts anders denn eine gestalt einer
Kuhe an jr sahen / Brachten derwegen
die Jungfraw zum Machario / baten jn/
er wolte eine Vorbitte zu Gott für sie
thun/ das sie wider zum Menschen würde. Als Macharius solches höret/ sprach
er : Ich sehe eine Jungfraw vnnd keine
Kuhe. Er hatte geistliche Augen / darumb konte der Satan mit seinen verblendungen jn nicht betriegen/ wie er den Eltern vnd der Tochter gethan / welcher augen derselbe böse Geist so verblendet hatte/
das sie geschworen / es were also / wie sie
es vor den Augen sahen. Da nun Macharius

charius zu Gott betete / nicht das sie
Menschen gestalt / welche nie verloren
gewesen / wider bekeme / sondern das er
diesen betrug des Teuffels von jr weg
neme / sind der Eltern vnd der Tochter
Augen geöffnet / vnnd haben befunden /
das alles / welches sie für ein gewisses
hielten / ein lauter Teuffels betrug ge=
wesen.

Man saget auch eine Historia oder
Geschichte von einen Egyptier/ welcher /
da er eines andern Weib hefftig lieb ge=
wonnen/ zum Zauberer gehet / vnd bittet
er wolte vmb eine verehrunge/ die er jm rei=
chete / mit seiner Kunst zwischen den
Eheleuten einen Widerwillen vnd feind=
schafft zu wegen bringen / das sie sich
mit einander scheiden liessen. Der Zeu=
berer machete mit seinen verblendungen
so viel / das das sehr schöne Weib an=
gesehen ward/ als were sie in ein Mut=
terpferd verwandelt / vnnd da sie der
Man neben jm im Bette liegen ge=
sehen / ist er erschrocken vnnd auffge=
standen / zeigts demselben Machario an/
welcher

welcher sie / wie die Eltern vnd Jung
frawe / von des Teuffels trug erlösete.
Dieweil nu der Teuffel so listig vnd ge=
schwinde ist der Menschen vernunfft der
gestalt zubetriegen / was meinestu das er
anders damit vorhabe / denn das er die
Menschen in verderb bringe?

Von solchen Teuffelischen betriege=
reien kompt die anruffung der Heiligen /
das Fegefewr vnd Papistische Messe für
die Todten vnd lebendigen her / das es
auch endlich so ferne kommen ist / das /
wenn einer einen andern gerne Todt ge=
sehen hette/er einen Messpfaffen ansprach/
der muste vmbs Geldt eine Messe / die
man das *Requiem* / das ist die Ruge nen=
net/ für den noch lebenden / als wenn er
gestorben were/ halten. Vnnd durch des
Teuffels beschaffunge ist es also ergan=
gen/ wie man es hat haben wollen / vnnd
die Papisten schemen sich nicht in jren
Schrifften solche Exempel anzuziehen.

Ob auch wol die wort *Præstigium* vnd
Fascinum / das ist / verblendunge vnd be=
zeuberunge scheinen/als wenn einerley das
durch

durch bedeutet wurde / vnnd daher auch
kompt / das die Scribenten eines für das
ander gebrauchen / so begreiffet doch das
Wort Zeuberer etwas mehr in sich. Deñ
bezeuberunge ist zweierley / nemlich / Eine
die von natur böse oder böslich ist / die andere die durch Schwartzkunst geschicht.

Die von natur / geschicht mehr durch
sonderbare natürliche eigenschafft in etlichen Menschen vnd Viehe / denn aus
vorsatz oder gefastem willen. Vnd diese
geschicht bisweilen durchs Gesichte / bisweilen durch die stimme / bisweilen durch
anrüren / bisweilen auch durch ein Geschencke.
Mit dem Gesichte geschicht sie / wenn
durch ansehen schaden zugefüget wird / als /
Weibes bilder die jre zeit haben / beflecken
mit jrem ansehen die Spiegel. Ein Basi-
lisck verderbet mit seinem schedlichen
Gesichte Kreuter / verdörret Bewme /
vergifftet die Lufft / also das kein Vogel
in der Lufft one schaden fürüber fliegen
kan.

$$\mathfrak{L} \qquad \text{Man}$$

Man sagt / wenn der Wolff einen Menschen zu erst sihet / so erschrecke der Mensch plötzlich/ vnd verliere die stimme hinwieder auch wenn der Mensch des Wolffs zu erst ansichtig wird/so geschehe solches dem Wolffe auch. Man sagt/ das in Sardinia Weiber sind / welche wenn sie einen im zorn ansehen / so bringen sie jn mit dem Gesichte vmb. Es sind auch etliche Menschen so gifftiger natur / das sie den jungen Kindern mit jren ansehen schaden zufügen / dahin ist des Virgilij Vers zuuerstehen:

Nescio quis teneros oculus mihi fascinat agnos.

Ich weis nicht was für ein Aug das mag sein/
Welches verzert die zarten Lemmer mein.

Denn gleich wie der Pfeil vom Bogen mit macht auff das ziel feret/ Also feret die gifft böser Augen durch das ding / welches angesehen wird / vnd ist jm schedlich. Daran zweiffelt niemand das bisweilen gesunde Augen von andern Augen/ so da trieffen / schadhafftig werden. Denn trieffende augen werffen von sich schedliche dünste / dadurch anderer Leute

Augen

Augen angezündet werden / wie auch der
Ouidius schreibet:

Dum spectant læsos oculi laduntur & ipsi,
Multaq́, corporibus transitione nocent.

Durch vngesund Augen die frischen zwar
   Werden im ansehen verletzet gar /
Vnd schaden offt durch viel ding geschen /
   Wenn sie von eim auffs ander fürbas gehn.

Ist derwegen gleublich / das die gifft
der natur durch die sehendmachende dünste / so im berüren angegifftet sind / bisweilen auff andere Menschen geschossen
wird/sonderlich wo man etwas lange mit
inen vmbgehet.

Mit der Stimme geschicht bezeube-
ringe / mit schedlicher lobung ein ding
beleidiget wird. Es schreibet Solinus
das in Affrica etliche Geschlechter sind /
welche mit irer Stimme vnnd Spra-
che schäden zufügen / vnd solches komme her von bösligkeit der natur. Wenn
sie nu schöne Bewme / wolgewachsene
Saat/ lustige Kinderlein / tapffere Pferde / artige Hunde / wolgefüttertes vnd
gewartets Viehe etwas sehre loben /
       C ij   so ver-

so verdorren sie von tage zu tage / vnd verderben. Vnnd /bey vns sind Leute welche nicht leiden / das ire Pferde oder Hunde etwas sehre gelobet werden / sonderlich von denen / welche sie nicht für gute freunde halten. Denn sie halten es für ein böse Zeichen. Ob man nu wol teglich erferet / das es so zugehet / ist doch meine meinung das Gottfürchtige hertzen auff dis ding nichts geben sollen / weil ein Aberglaube dabey ist.

Mit dem anrüren geschicht bezeuberung / wenn vnglückbare Leute new geborne früchte begreiffen oder antasten. Denn man findet Weiber / welche die Kinderlein mit dem anrüren alleine vergifften / vnd viel beschedigen mit dem angreiffen alleine / Zweigeleine vnd Pflentzleine / das sie verdorren.

Mit der Gabe oder Geschencke werden etliche auch beschediget / als wenn vnglückbare Weiber junge Kindlein stillen / oder auch wenn feindselige Leute denen sie feind sind etwas schencken. Denn der spruch ist durchaus war : Der Feinde gaben

gaben sind schedlich. Welchs Aiar mit
seinem verderbe bekant hat / da er in das
Schwerd selber fiel/welches jm sein Feind
Hector geschenckt hatte / vnd sagte / Das
Sprichwort ist war :

Der Feinde gabn sind keine gabn/
Sondern nur eitel böse schadn.

Schwartzkünstlerische bezauberung
oder vergifftung ist / wenn entweder der
Menschen sinne also eingenomen wer-
den/ das sie meinen sie sehen/hören/ fülen
etwas anders / denn es in Warheit ist.
Hieuon sind droben Exempel gesetzt worden : Oder wenn der gantze Leib mit bo-
sen Künsten beschediget wird/das er gantz
verdorret / also das er entlich verderben
mus: Oder wenn der Menschen sinne
also gebunden / eingenommen vnnd mit
Schwartzkunstlerischen worten vergifftet
werden/das sie jrer nicht mechtig sind/son-
dern vertutzt werden / das sie jre Sachen
nicht vernemen können. Denn sie lassen
sich mit ein wenig lüstlicher liebligkeit be-
tören/vnd sich dadurch einnemen/ das sie
jre gefahr vnd not nicht verstehen/sondern
halten

halten sich glückselig als weren sie von grossem irrthumb erfreiet. Daher hat S. Paul zun Galatern am 3. cap. das wort Fascinum/ das ist/ bezeuberung/ genommen/ da er sagt: O jr törichten Galater/ wer hat euch bezeubert oder betöret / das jr der Warheit nicht gleubetet? Darumb wie die Schwartzkünstlerische bezeuberunge vertutzete Menschen machet/ also nimmet die Geistliche den Verstand gar hinweg. Aber siehe was Luther vber den Spruch Pauli geschrieben hat.

Von dem AVGVRIO
das ist/ von dem Aberglauben
der von Vogeln genommen wird.

Vm dritten setzet Moses vom Vogelgeschrey vnnd Gesichte / wenn nemlich zukünfftige ding aus der Vogel geberden vnd schreien genommen werden. Alle Völcker haben den Adeler für glücklich geachtet. Wenn man

jn

jn fliehen gesehen / hat er sehr gros glücke
ohn mühe vnd arbeit bedeutet. Wenn er
sitzend gesehen / glücke / jedoch mit mühe
vnd arbeit. Dawider aber hat die Krae
wenn sie geschrien nichts guts bedeutet.
Daher *Virgilius* spricht:

Vom Bawm d' Krae schrecklich mit jrer
Stim
Offt viel böses hat gesagt vorhin.

Wenn die Raben oder die Kautzen
vff den Heusern schreien / so helt man es
gemeiniglich dafür/das einer daraus ster=
ben mus. Die Nachteulen oder Vhu
wenn sie heulen / werden gleicher gestalt
für vnglücklich geachtet/nach dem Vers:
Der faule Vhu mit seinem geschrey /
Den sterblichn Menschen ein bös Prophecey.

Desgleichen.
Der Vhu mit sein sterblichen Gesang /
Schreit grewlich den Menschn ein trawrign
klang.

Die Aglaster in der nähe oder auff
dem Hause singende/ wird dafür geachtet
das sie anzeige es werden newe Geste ko=
men. Vnnd es treget sich zwar offt also
zu/ offt auch nicht.

L iiij   Von

Von solchen Propheceiungen ist das sicherste / das man dauon als von Teuffels gespötten / nichts halte. Welches auch der Heidenische Poet gemeinet hat / da er von dem ermordeten Warsager also schreibet :

Mit seinem warsagen er nicht vermocht /
Den tod abwenden / der jn vmbbracht.

Denn was ist liederlicher / als vnser Leben vnd wandel darnach anstellen / vnd desselben Ausgang demnach gewarten / auff welche seite die Vogel fliegen / oder wie vnnd wo sie schreien? Zu diesem Aberglauben gehöret auch / wenn man der Thiere Eingeweide besihet / welche eitelen ein Oberster zu Athen höfflich verachtet hat. Denn als der Künig Prusias sagte / er dürffte mit dem Feinde nicht schlagen / weil aus den Eingeweiden nicht zu sehen / das es glücklich würde hinaus gehen / hat er geantwortet : Wiltu denn einem stücklein Fleisches mehr als einem alten Kriegs obersten gleuben? Ich achte aber es sey des Hectoris rede im 12. Buch *Iliados* zu loben / welcher als *Polydamas*

aus

aus des Adelers/ der eine Schlange in seinen Klawen hielt/ fliegen den Troianern
vbel Propheceeite/gesagt: Es ist die beste
Prophecey für sein Vaterland streiten.

Von MALEFICIIS
oder Zeubereien.

Vm vierden folget in Mose: Vnd
es sol kein Zeuberer nemlich vnter
euch sein. *Malefici* werden in gemeine genant alle / die andern wie es sein
mag schaden/ vnd vnbillicher weise belei-
digen/ Vnd *Maleficium* heisset was wider
billigkeit geschicht. Daher wird das wort
auff ein gewisses/ so fürnemlich vnnd zu
forderst dardurch bedeutet/ verstanden/
vnd werden also *Malefici* genant / welche
der Schwartzkunst erfaren sind / vnd jre
Künste zu allerley sachen gebrauchen.
Das also *Maleficium* die schendliche Zeuberey bedeutet. Zum dritten aber wird es
von einer gewissen art verstanden / wie es
allhier sol zuuerstehen sein. Denn *Malefici*
werden von wegen der abschewlichen
K v   greivel

grewel thaten genennet / welche mit Zeuberkunst den Menschen / Thieren vnnd
früchten schaden zufügen / oder von einem orte zu dem andern füren: Welche
verfluchte vnthat Moses *Maleficium* nennet.

Die *Malefici* oder Zeuberer pflegen
offte von Wachse denen gleiche Bilder
zu machen / vnd strickleine durch alle glieder zu ziehen / welchen sie schaden zufügen
wollen. Diese Bilder lassen sie teuffen /
vnd mit andern Ceremonien weihen /
vnd an einem verborgenem orte verwa-
ren / das sie dadurch jre Feinde jres gefallens beleidigen mögen. Denn wenn sie
des Feindes hand peinigen wollen / so ste-
chen sie oder brennen des Wächsen Bild-
leins hand an. Wenn sie jn wollen Lham
machen / so verwunden oder brennen sie
den einen Fus an. Wollen sie jm am
Heupte schaden thun / so schlagen sie oder
zünden das Heupt an / Als denn ist durch
Gottes verhengnus der Teuffel auff der
Zeuberer

Zeuberer bitten bereit vnnd vorhanden /
vnd so ferne es jm Gott zuleffet / thut er
als ein Diener was jm der Zeuberer gebeut.

Eine Zeuberinne nimet Gelt oder gaben vnd entzeucht eim Manne seine men-
liche krafft / vnd weis anders nichts / denn
das sie seine manligkeit in jrer verwa-
rung habe. Es lesset sich zwar offte ansehen / als wenn es gewisse also geschehe /
wenn der Teuffel mit seiner gifft / die er
dazu gebrauchet / verborgener weise die
Krafft benimet. Dasselbe Weib gibt
auch die Krafft wider durch desselben
Teuffels schaffunge. Das sie aber meinet sie habe etwas in jrer verwarunge /
das ist eine Teuffelische verblendunge. Hieher gehöret auch was man von
der Liebe oder Bulerkunst saget. Es ist
aber zu wissen / das zweierley Liebe oder
Bulerkünste sind. Die eine ist natürlich vnd löblich. Die andere Zeuberisch
vnnd verdammet. Die natürliche ist /
wenn erbare Sitten / Gottesfurcht /

vnd

vnd frömkeit einen zu ehrlicher liebe bewegen. Daher Menander gesagt: Die beste Buler kunst sind erbare sitten. Zeuberische Buler oder Liebekunst ist / was
durch schwartzkunst einen zur liebe zu bewegen gemachet wird / es sey ein Tranck /
oder ein ander ding / oder aber ein schlech-
te besprechung damit eine vnzüchtige liebe / so viel mehr eine vnsinnigkeit zu nennen / gemachet wird. Daher sagt *Ouidius*:
  Die Bulerkunst der Seelen schadt /
  Vnd krafft der Vnsinnigkeit hat.

  Das der Feinde Viehe sterben müssen / graben die Zeuberinnen in die Erde /
ich weis nicht was für Bildlein oder Fan-
tastereien / darinnen doch von jnen selbst
keine krafft ist die den Thieren schaden
könte.

  Eine Hexe fasset Schofeln vol Was-
sers / vnd hebet sie vber sich / vnd geusset
das Wasser in die Lufft das ein Regen
werde.

  Eine Zeuberinne nimet Geld vnd gibt
eim Schiffmanne kneufflein / damit kan
er seines gefallens einen Wind machen.
                                        Vnd

Vnd man sagt von einem ich weis nicht welchem Weibe / die hat einem in einem Strickleine drey kneusse gegeben/vnd gesagt / wenn du den ersten aufflösest / so wirstu stille Lufft vnd schön Wetter haben / wenn du den andern aufflösest wird sie stercker sein / Wirstu aber den dritten aufflösen/ so sihe dich wol für / denn es wird ein Vngewitter oder storm komen. Ein Scribent lobet die Weiber in Norwegen dieser Kunst halber. Von dieser zcüberkunst redet Virgilius da er spricht:

Diese gibt für das sie Menschlich vernunfft/
Wenn sie wil wegnemen kan mit irer Kunst.
Den andern aber mache sie damit
Gros sorgen vnd schwere mühseligkeit.
Das Wasser im gwitter stehen mus bleibn /
Die Sternen am himel zu rücke treibn/
D' Erd vntern füssen hinder sich weichen/
Von Bergen die Bäum herunter streichen.

Man findet irer / welche mit Zeuberischen Hämmern der abwesenden vnd vnbekanten Diebe augen ausschlagen / vnnd sind doch selbst viel erger als die Diebe/auch zwar wert die für ein Auge zweene verlieren solten. Aber dis sey gnug von den bezcubern.

Von

Von dem Besprechen ode Beschweren.

OB wol das Hebreisch wort meh in sich begreiffet/ vnd bisweile etwas guts damit bedeutet wird, so wird doch bey den Latinern das wor *Incantare* gebrauchet/das es so viel bedeu tet/ als mit worten oder gewissen sprüch en wider eine Person oder ein ding etwas fürnemen/ das wider die natur vnd wider Gottes Ordnung ist. Vnd wie durch das vorgesetzte wörtlein *I N* etwas ver standen wird/ das sich auff ein ding oder Person zeucht / Also wird durchs wort *Canto* bedeutet/ auff welche weise es ge schicht.

Vnd es wird gesetzt: Wider die na tur/ weil in den Worten oder Sprüchen oder Gebetleinen der Beschwerer selber/ keine Krafft ist/ inmassen droben in der andern Frage beweiset worden : Es ist auch dazu gesetzt: Wider Gottes orde nunge

nunge. Denn das Beschweren ist nicht alleine wider die natur vnd das erste gebot/ sondern wird auch in einem sonderbaren befehl oder gebot Gottes verboten vnd verworffen / als ein ding das für Gott ein grewel ist / wie droben erkleret ist.

Mit dem Worte / *Excantandi* / Aus beschweren/ wird die Krafft oder wirckung des beschwerens angezeigt. Denn *Excantare* ist mit beschweren erobern/ vnd nach wunsch vnd gefallen ein ding oder Menschen / dawider das beschweren gerichtet ist/ vberwinden. Aber bisweilen wird das Wort *Incantare* für *Excantare* gebrauchet.

Es ist aber zweyerley beschweren: Eines so schlecht ist / vnnd mit blossen Worten geschicht / Das ander ist / dazu auch Geberden vnnd Geprenge oder Ceremonien gebrauchet werden/ dauon oben gedacht worden. Das bey den Völckern / so von Gott nichts gewust / das

das beschweren sehre im gebrauch gewesen / sind viel Zeugnussen für handen / dauon droben auch meldung geschehen. Virgilius sagt:

Den Mond mit beschweren ich ziehen kan
Vom Himel/ scheinlich das sihet jederman.
Ach liebe kunst mir aus der Stad doch nim /
Anheim mir bring mein liebsten Daphnim.

Vnd das heisset alles mit beschweren oder besprechen gethan / was mit worten/ sprüchen/ Gebetleinen/ verfluchen/ vñ beschwerē wider Gottes ordnung geschicht: Vnd ist nichts dran gelegen/ob es Wort aus der heiligen schrifft/ oder andere sind/ die dazu gebrauchet werden/ Denn Gottes Wort wird verunheiliget / so offte es anders als dazu es gegeben / dauon wir oben gesagt/ gebrauchet wird / Vnd hie kan man billich von dem beschweren der Schlangen fragen / welche jre Ohren für der Zeuberer stimme zustoppen / dauon auch die Poeten vnnd die heilige Schrifft melden.

Virgilius:

Ein kalte Schlang wie man thut schawn/
von bschwern auff birst auff grüner Awn.

Oui-

Mit worten vnd beschweren ich zureis/
Der Schlangen rachen/das sie niemand beis.

JN 58. Psalm stehen diese wort:
Ihr wüten ist gleich wie das wüten einer
Schlangen/ wie eine taube Otter die jre
Ohren zustopffet / das sie nicht höre die
stimme des Zeuberers/ des beschwerers der
wol beschweren kan.   Vnd wird also
nicht alleine von den Weltlichen/sondern
auch von den Geistlichen Scribenten sehr
offte gedacht/ das die Schlangen vnd
Ottern mit beschwerungen gezwungen
werden jre Gifft abzulegen vnd zam oder
heimlich zu werden/nicht das in den worten oder Gebetleinen einige krafft sey/son-
dern das der Teuffel/den zeuberern hierin
dienet/ damit er die Menschen gefangen
oder einnemen möge.

    Es möchte aber einer sich nicht vn-
billich verwundern/ das Schlangen vnd
Ottern jre Ohren zustopffen sollen/damit
sie das beschweren nicht hören.   Denn
so sie es nicht höreten/könten die beschwerungen nichts ausrichten.   Daher könte
                    M   einer

einer vielleicht so schliessen.　Ist es natürlich / das die Schlangen vnd Ottern
jre Ohren zustopffen / so ist traun auch
gleublich / das das beschweren auch ein
natürlich ding sey/ dieweil das natürliche
von deme herkompt / welches natürlich ist.
Antwort. Schlangen vnnd Ottern ha-
bens von natur nicht / das sie jhre Ohren
wider des Zauberers beschwerungen zustopffen / sondern derselbe / welcher durch
der beschwerer wort oder sprüche krefftig
ist / schaffets nach seinem gefallen / das die
Schlangen jre Ohren zustopffen / oder
nicht / damit er also die Menschē vberrede /
als weñ in der schlechtē ausrede vnd gehör
der wörter eine krafft were / auff dz er den
Menschen den rechtē gebrauch des worts
Gottes mehlich entziche. Vnd solchs on-
terstehet der Sathan sich nicht vmbsonst.
Denn wir sehen heutes tages viel / die
das wort hören / vnnd meinen sie haben
es wol ausgerichtet wenn sie das wort
Gottes gehöret haben / ob sie gleich nicht
gleuben / oder nach demselben worte jhr
leben anstellen.

Die

Die Gottsfürchtigen aber wissen die Regel: Selig sind die Gottes wort hören vnd bewaren. Denn das gehörte vnd nicht behaltene wort / ist ein todter Buchstab.

Von der sonderbaren Schwartzkunst.

JVm siebenden setzet Moses die Schwartzkunst / nemlich / welche einer sonderbaren art ist. Denn sonst heisset Schwartzkunst oder *Magia* alle verworffene vnd von Mose im obgesatzten Gesetze verbotene künste. Es ist aber die sonderbare Schwartzkunst nicht die den Menschen oder andern dingen schaden oder nachtheil zufüget / sondern die sich ansehen lesset / als wenn sie frommen vnnd gutes schaffte. Deñ also sagt Suidas da er vnterschied machet zwischen der *Goëtia, Magia* vnd *Pharmatia, Magia* dz ist / schwartzkunst / ist eine anruffung der gütigen Geister / das sie etwas guts zuwegen bringen

M ij   sol-

sollen. *Goëtia* das ist / behende oder geschwinde kunst/geschicht wenn die todten
gezwungen werden / auch mit anruffung. *Pharmacia,* das ist/Artzneykunst/ge-
schicht/wenn man einem etwas gibt / mit
dem Munde zu nemen/daruon einer sterben sol / mit sonderlichen beschwerungen
zugerichtet. So redet Suidas. Aber
das Lateinische wort *Veneficium* so Griechisch *Pharmacia* heisst/wird darnach auff
alle Zeuberkünste verstanden.

DJeweil aber diese sonderbare
Schwartzkunst etwas guts / wie sie sagen
dardurch zuschaffen angerichtet wird / so
wil Jamblichus der fast zu viel von der
Teuffel güttigkeit gehaltē/nicht/das man
sie schelten / viel weniger verwerffen solle.
Denn so spricht er : Man mus die gantze
kunst/welche so lange zeit durch gebrauch
vnd grosser arbeit beweret vnd angenom-
men / nicht schelten. Wenn du aber o
Jambliche beweiset haben wirst das' die
Teuffel gutthetig sind/ wie du doch in
ewigkeit nicht wirst thun können / es sey
denn das du Honig / so mit Gifft vermi-
schet

schet gut heissen wollest: Wenn du dar-
gethan haben wirst/das die anruffung der
Teuffel/vnd der ware Gottesdienst bey-
sammen stehen können / welches du nicht
thun wirst/weil dis vnwandelbare wort:
Gott deinen HERRN alleine soltu an-
beten/ vnnd jme alleine dienen / bestehen
wird. Vnd wenn du wirst beweiset ha-
ben/ das alles was lange zeit also gehalten worden/vnd viel mühe gestanden/alles
recht ist/ welches du als denn thun wirst/
wenn du alle laster / so von anbeginne je
vnd allewege die vberhand gehabt / wirst
gut gemachet haben /Welche zwar leider
lange gewehret vnd viel gekostet haben:
Wenn du das/sage ich/wirst gethan haben / so wollen wir lieber Jambliche ge
gen dir auffstehen/vnd dich loben / als ei
nen der vber der Warheit gehalten vnnd
dieselbe verteidiget.

ABer wie ist dirs o Jambliche/ du
feind vnd verfolger Christi Namens/vnd
verfürer sehr vieler einfeltigen Menschen/
das sie von Christo abgefallen/ gangen ?

Hat dich deine kunst / so du lobest / nicht
selber in verderben gebracht.

Ich wil aber die Historia oder geschichte kürtzlich erzehlen / darinnen man
sehen kan / wie geschwinde vnd behende
der Teuffel den Menschen nachstelle / damit vieler Blut vergossen werde. Man
schreibet / das zur zeit Keiser Valentis
Libanius Sophista vnd *Iamblichus* die *Ale-
ctriomantiam* / das ist / die warsagekunst
durch einen Hanen / gemachet haben / da
sie forscheten wer nach Valente würde
Keiser werden:

Es gehet aber mit der *Alectrioman-
tia* wie man saget / also zu. Es werden
24. Griechische Buchstaben in staub geschrieben / vnd auff ein jeden wird ein korn
Weitzen oder Gerste geleget / darnach
wird ein Hann darzu gelassen / vnd vnter des etliche Sprüchlein vnd Zeuberei-
en gesprochen / vnd achtung gehabt / von
welchem Buchstaben er die körner nimmet
welche / wenn man darnach zusammen ge-
setzet / das jenige anzeigeten / das man
wissen wolte. Da nun Libanius vnnd
Jambli-

Jamblichus solches gethan hatten/ sahen sie/ das der Hahn das erste korn vom θ *th.* das ander vom ε ε. das dritte von dem ο ο. das vierde vom δ *d.* genommen/ daraus denn eine zweiffelhafftige bedeutung θεοδ. *Theod:* folgete/ weil man es dafür hielte/ das entweder Theodorus/ oder Theodotus/ oder Theodulus/ oder Theodosius dadurch verstanden würde. Als Valens solches erfahren/ hat er viel die also geheissen zu sich gefoddert/ vnd dieser verdacht halber erwürget/ vnnd hat auch nach den Warsagern gefraget/ Darumb Jamblichus der sich für seiner Tyranney gefürchtet/ sich selber entleibet.

Ich lasse mich aber bedüncken ich höre was die vnsern möchten fürwerffen. Sie schreien es sey ein sehr grosser vnterscheid zwischen der Heiden *Magia* oder Schwartzkunst/ vnd der Christen *Theurgia,* oder Gottes wirckunge/ wie es denn

mit

mit eim ehrlicherm namen also genande
wird. Denn jene ruffen die Teuffel an/
diese die Heiligen/ jene brauchen Weltli=
che/ diese heilige wort/jene brauchen vn=
bekandte zeichen/diese das Creutze. Aber
sihe wie listig der Teuffel ist/ welcher sei=
nem betruge eine farbe des Gottes=
diensts anstreichet. Denn was die an=
ruffung anlanget/ist gar kein vnterscheid.
Denn du rüffest die Teuffel/oder die Hei=
ligen an/ so bistu von Gott abgewichen/
welchem alleine die ehre des anbetens zu=
stehet. Gebrauchestu darzu Christi Na=
men vnd die heiligen Gottes Wort/des=
gleichen das zeichen des Creutzes/ so be=
schmeissestu das gantz ding mit misbrauch
welches keinen beuhell/ noch verheissunge
sondern allein mit harten drawungen ver=
boten ist. In den zeichen/ sie sind wie
sie wollen/ ist keine krafft/weder von na=
tur/noch von ordnunge/ wie droben dar=
gethan ist.

Damit aber derer/ so einen Got=
tesdienst daraus machen/ leichtfertigkeit
so viel augenscheinlicher werde/ wil ich
ein

ein exempel hieher setzen welches im Bab-
sthuinb sehr gebreuchlich gewesen. Wenn
einer/ sagen sie/ mit dem Schwerengebrechen behafft ist / vnd einer darzu kömpt/
vnd dem krancken ins Ohr bleset: Bal-
thasar/ Melchior / vnd Caspar machen
dich gesund/ so ward der krancke als bald
durch krafft dieser stimme gesund. Lieber
sage mir/ ist dis nicht gleich so viel/ als
wenn einer die Teuffel öffentlich anrieff-
fe? Das mus zwar ein jeder beken..en/
der nur ein wenig Gottes wort gelernet/
hat. Aber was thun sie mehr? Damit
der so der gestalt Zeuberisch gesund gemachet ist/ wider die fallende seuche sicher sein möge/ so befehle sie jm/ das er an
den hals hangen solle/ der dreyer Könige
namen/ Balthasar/ Melchior/ vnd Ca-
spar/ daher sie auch diese feine vers gemachet haben.

Caspar die Myrrhen/ Melchior den Weyrauch/
Balthasar aber das Gold bringet auch.
Wer diese der dreyer Könige namen/
Bey jm tregt/ der kan nicht mehr haben
Den schwerengebrechē durch diesn Gottesdienst
Erlöst darvon wird er mit grossem gewinst.

Hie vereinigen sie Christum vnd Belial/die doch in ewigkeit nicht können vereiniget werden. Es müssen derwegen alle zu schanden werden/ die vnter einigem scheine sich von Gotte auff nicht geordente vnd vngebührliche mittel legen/ welche hier entschüldigunge suchen/damit sie sich beschönen/ die suchen jhr vnglück dadurch sie endlich in die Helle gestürtzet werden. Welche nun Gott recht furchten/die sollen nichts beginnen das entweder öffentlich wider Gott ist / oder daran man zweifelt ob es wider Gott sey.

Aber du möchtest sprechen/ was heltestu denn von dem Ringe/ der vor den Schwerengebrechen helffen sol? Denn ehe vnd zuuor in Engeland die reine lehre des Euangelij auffkam/ schreibet man/ das gegleubet vnd erfahren sey/ wenn ein gülden Ring vom Könige in Engeland am Charfreytage auff ein Creutze geopffert worden / so hat er den Schwerengebrechen vertrieben/ wenn man jn an des francken Finger gestochen.

Ich

Ich gleube fürwar der Teuffel habe mit diesem seinem wunderwercke die Abgötterey vnnd anbetung des holtzes des Creutzes den Menschen zum verderb bestetigen wollen. Ich halte auch nichts mehr von des Königs in Franckreich thun. Den man sagt / wenn einer die Drüse am halschat / vnd zum Könige in Franckreich kömpt / vnd derselbe rüret den francken an / vnd spricht: Der König rüret dich an / Gott heil. dich / so werde er als bald gesund. Denn was ist das anders als ein Teuffelsgespötte? Aber an beiden örten so wol in Engeland als in Franckreich gleube ich / seind solche Teuffels betriegereien / als die reine lehre des Euangelij auffkomen verschwunden.

Aber von denen sachen ist mehr als gnug gesaget.

Beschlus /

Bishero habe ich von dem Schwartzkünstlerischen aberglauben gesagt / was ich daruon zuerzehlen für gut angesehen / vnd

vnd solches zu dem ende/das Gottsfürch-
tige Leute hiedurch erinnert/darfür einen
abschew haben/dieselben verfluchen vnd
sich für alle vngebührliche künste hüten/
welche der Teuffel in die Welt gebracht/
darmit er den Menschen das rechtschaffene erkentnis der seligkeit neme/vnd an
desselben stat seinen betrug vnd fallstrick
stelle/Gotte zu schmach/vnd den Menschen zum gewissen verderbe. Nun wil ich
zum beschlus ein wenig noch hierzu setzen.

Erstlich einen gemeinen vnterricht/
dardurch einer gelehret wird/wie er sich
wider die Zeuberischen betrüge sol rü-
sten.

Darnach wil ich den lehrern des
Euangelij einen rath geben/wie sie mit
den Zeuberern vmbgehen sollen/das sie
sie von jrem jrthumb wider auff den rechten weg bringen.

Endlich wil ich der Obrigkeit für-
schreiben/wes sie sich mit gutem Gewissen zuuerhalten/wenn sich solche trawrige
fälle zutragen.

Von

Von dem erſten/

OB wol der gemeine vnterricht/
dardurch ein jeder geleret werden mag/
wie er ſich wider die Zeuberiſche betriegereien rüſten möge/ ſehr leichte iſt/ vnnd
wenn man mit einem worte ſaget/das die
einige Gottesfurcht die rechtſchaffene be-
werete Artzney iſt/ ſo wider alles vnglücke vnd böſes hilfft/ſo iſts recht geſagt/da-
mit jedoch der vnterricht ausführlicher
ſey/ wil ich vnterſchiedlich daruon reden.
Denn was mit vnterſchiede gelehret wird
das kan man eher faſſen/ gründlicher ver-
ſtehen/ beſſer behalten/ vnd mit gröſſerer
luſt bedencken. Für allen dingen aber
mus man dieſe Regel als den grund vnd
das fundament wiſſen. Alles was böſe
iſt/ das iſt ſchuldt oder kömmet aus der
ſchuldt. Das böſe ſo ſchuldt iſt/ iſt die
Sünde. Das böſe ſo aus der ſchuldt kömmet iſt die ſtraffe. Das die ſchult vom
Menſchen herkomme vnd jme zuzuſchrei-
ben ſey/achte ich verneinet kein Menſch.
Denn die lehre welche da ſagt/ das Gott
ein

ein vrsacher der Sünden sey/ist in vnsern Kirchen eintrechtiglich vnd billich verworffen.

DAs aber das böse so aus oder von wegen der schult kompt/ von Gotte alleine sey/ wird mit diesem Spruche vnsers HERRN Gottes bestetiget / welcher im Propheten Amos im 3. Cap. geschrieben stehet: Wird auch etwas böses oder ein vnglücke in der Stad sein/ welches der HERR nicht gemachet hat?

Dis böse oder vnglücke machet der HERR bisweilen / das er es selber wircket vnnd zuwegen bringet / bisweilen auch das er es zulesset/ oder darmit durch die Finger sihet / jedoch jeder zeit billich. Denn eines alten Vaters Spruch ist durchaus war: Gott kan von natur niemandes vbels thun. Vnd Gott kan ohne vrsache kein widerwertiges zufügen. Vnd Gott kan von natur nicht zugeben/ das jemand einem ohne vrsache etwas böses füget.

zufüge. Vnd Seneca saget recht: Es
kömpt niemand ohne seine schuld in vnglück.

AVs dieser Regel als aus einem
vnwidersprechlichem grunde mag ein
Gottsfürchtiger bey jhm wol schliessen/
das weder Teuffel noch Zauberer / noch
andere Menschen / jhme ohne seine
schuld / welche Gott nach seinem gerechten Gerichte vnd Väterlichen barmhertzigkeit straffet / schaden können /
darumb auch Job/ als der Teuffel selber
seinem Leibe franckheit / seinen Kindern
den Todt / vnnd seiner Hab vnnd Gü-
tern durch die Chaldeer gewalt zufüge-
te vnnd thun lies / sagte: Der Name
des HERREN sey gelobet/ Der
HERR hats gegeben/ Der HERR
hats genommen/ Vnnd setzet darzu: Ob
er mich gleich tödtet wil ich doch auff jn
trawen.

Vnd er verhelet seine Sünde nicht/
da er seinen Erlöser erkennet. Derhalben hat Job gewust das weder die Chal-
dee

deer mit ihren künsten/ noch der Teuffel
mit seiner bosheit jme hetten schaden können one den weisen rath/gerechtem gerich-
te/ vnd Väterlicher barmhertzigkeit Gottes.

Aber hie möchte einer vielleicht fürwerffen: Abel wird one vrsach von seinem bru
der getödtet: Johannes der Teuffer wird
vom Herode vnschüldig ermordet. Antwort. Weder Johannes noch Abel sind
one schuld gewesen/welche nicht denselben
todt denen sie erlitten/verdienet. Denn
ob wol Abel vnd Johannes gegen dem
Cain vnd Herode nach Menschlichem
Gerichte vnschüldig waren/ so sind sie
doch beide wegen jrer verderbten natur für
Gott schüldig vnd sträfflich. Wenn
man nun die Personen für sich ansihet/so
ist es eine probe: So man aber die natur
ansihet/ so ist es ein billiche straffe.So du
Cain vnd Herodem ansihest/ so ists eine
grausame vnd vnbilliche wüterey/ so du
Gott ansihest/ so ists ein Gerichte vnnd
Barmhertzigkeit. So du die Christliche
Kirche ansihest/ so ists ein exempel oder
bey.

beyspiel wie es der gantzen Christlichen
Kirchen in diesem leben gehen sol.

Wenn nun diese Regel im Hertzen
wol vnd festiglich gefast ist / so schleusst
man daraus/das sich einer für schult oder
missethat hüten sol/ der nicht wil vnglück
von wegen der schuld tragen. Denn der
vbertretung halber straffet der HERR
den Menschen/ Psal. 39. Dieweil aber
wie Nazianzenus sagt/ vnmöglich ist/ ein
Mensche sein/vnd nicht sündigen:/so mus
man viererley thun.

Das erste. Man sol sich mit allem
fleisse sich für frey oder mutwilligen Sün=
den hüten/durch welche der heilige Geist
vertrieben/ der Glaube verloren/ vnd das
Gewissen verletzet wird/ vnd der Mensch
der sich von Gott abgewand/ machet sich
des Teuffels leibeigen / wenn er sich der
gestalt widerumb dem fluche Gottes/ vnd
ewigem todte vnterworffen hat/bis er bus=
se thut. Daher kömpts das der Satan
in demselben krefftig ist/wie zun Epheseren
am andern Capittel geschrieben ist.

Darnach mus man die Sünden/
N   wel=

welche aus vnwissenheit vnd schwacheit
teglich auch von den allerheiligsten begangen werden/ durch rechtschaffene Busse/
die da auff dz verdienst des tewrbarn bluts
Christi gegründet ist / abwaschen / derer
halben wir teglich vmb vergebung aus
befehl des HERRN bitten.

Hieher gehöret der Spruch Johannis : So einer sündiget / so haben wir einen fürsprecher bey dem Vater / Jesum
Christum den Gerechten / vnd der ist die
versünung für vnser Sünde/ vnnd nicht
für vnser Sünde alleine / sondern für der
gantzen Welt Sünde.

Zum dritten/mus man mit ernstem Gebete wider den Teuffel vnd seine Glieder
streiten/Denn mit keinem dinge wird der
Teuffel also geschreckt vnd von vns ver-
trieben/ als mit einem ernsten Gebete / so
von einem Gottseligem Hertzen fleusset.
Denn gleich wie eine fliege / ob sie gleich
gros ist / sich für einem siedenden Topff
hütet vnd darnon fleucht / Also fleucht
auch der Teuffel von dem Menschen/
welches

welches Hertze von ernſter anruffung
Gottes brennet/dardurch er Gotte nehe=
verwand gemacht wird. Vñ dis mein: S.
Jacob/da er ſagt: Seid Gott vnterthan/
vnd widerſtrebet dem Teuffel/vnd er wird
für euch flihen.

Zum vierden/wenn du dein Hertze
alſo gerichtet haſt/ ſo vntergib dich des al=
ler frömbſten Vaters aller weiſſeſten ver=
ſehung/nach ſeine(mit hindanſetzung aller
vorwitzigen des Fleiſchs zweifelungen vnd
fragen)worte/in rechter furcht/anruffung
danckſagung vnnd gehorſam/beide in vn=
glücke vnd in gantzem leben / in gewiſſer
hoffnung das nach dieſem leben eine ewig
wehrende ſeligkeit entlich folgen wird/wel=
che der Satan mit ſeinem fündleinen oder
ſonſt durch keine widerwertigkeit nimmer=
mehr wird hindern oder vermindern.

Daraus wird folgen/das du mit gedult
alles erleiden wirſt / darmit Gott deinen
Glauben beweren wird/vnd wirſt bey dir
gewiſſe ſein/das nach der Regel Pauli zun
Röm. am 8 cap. Alle dinge denen ſo Gott
fürchten zum guten gereichen.

Dieſe

Diese Regel wird mit einer sehr
lieblichen verheissunge so Esaiae am 54.
cap. stehet/ bestetiget: Die Berge werden
bewogen werden / vnd die Berge werden
zittern/ Meine Barmhertzigkeit aber sol
nicht von dir genommen werden/vnd der
bund meines friedens sol nicht beweget
werden/ spricht der Erbarmer dein HErr
Hieraus achtet man / das Tertullianus
den schönen Spruch von der Gedult gezogen habe: So ein gewisser auffheber
vnd getrewer bewarer der gedult ist. Gott/
So du die dir geschehene gewalt jm befih-
lest/so ist er ein Recher: So du jhme deinen schaden befihlest / so ist er ein ergetzer
oder erstatter/ So du jme dein todt befih-
lest/so ist er ein aufferwecker.

Von dem andern

WAs sol ein Gottseliger Diener
des Euangelij thun/wenn jm einer fürkömpt /der mit der Zeuberischen Gottlosigkeit besudelt ist? Für
allen dingen sol er sich hüten/ das er nicht
nach

nach menschlicher vernunfft von der sünde halte. Denn eine jede Sünde/ so ferne sie an ir selber angesehen wird/ sol nach
deme geachtet werden / wider welchen gesündiget wird. Dieweil denn Gott vn-
meslich ist/ so sol ein Diener Gottes sich
hüten/das er keine Sünde die wider Gottes wort ist / geringe halte. Derhalben
sol er von einer jeden Sunde der Zeuberer/
ob sie gleich für den Menschen geringe
scheinet/ halten vnd reden als von einem
erschrecklichem grewel für Gott / als von
einer heslichen verunheiligung des namens Gottes/als von einem schendlichen
abfall vnd meineidigkeit von Gotte zu seinem feinde dem Teuffel / vnd als von einer verfluchten verlassung des Bundes/
vnd vereinigung/ welche mit Gott in der
Tauffe ist auffgerichtet/ weil er es nach
Gottes Worte wol darfür halten/ vnnd
also daruon reden kan.

Darnach was die Personen anlan-
get so mit Zeuberischer listigkeit vmb-
gangen/ da ist es vngleich. Denn man
mus einen vnterscheid zwischen denen machen

chen/die aus einer einfalt/ vnnd als wenn
sie Gott darmit dieneten/einem/wie sie es
darfür halten/ zu gute jhren Götzendienst
vben. Vnd zwischen denen/die aus bosheit sündigen andern schaden zu thun.

Dieweile aber die/ so aus einer ein-
falt/vnd als wenn sie Gott mit jrer kunst
dieneten/die Zeuberei treiben / es einen
Gottesdienst nennen/vnd sagen das sie es
aus guter andacht thun/vnd gut meinen/
nicht das sie jemands schaden wollen/
sondern dz sie denen so not leiden/helffen/
welches ein werck der liebe ist. Dis ist fast
alles/darmit die Zeuberer sich behelffen/
vñ beschönen die da sagen/ das sie mit jrer
kunst den francken helffen/vñ sich derhalbē
darfür halten/als wenn sie gar keine Sün
de hetten. Diese meinung der Gottselig-
keit/ vnnd der liebe mus ein rechter diener
des Euangelij jnen aus dem sinne reden/
vnd solches auff diese weise.Für allen dingen mus er jñ den Gottlosen wan nemē/
vnd sie leren/ das nichts für Gottesdienst
zu halten sey/welches nicht auff das klare
wort vnd ausdrücklichen befehl Gottes
gegründet

gegründet ist: Das keine meinunge oder
andacht gut zu achten/die mit Gottes or-
denung vnd meinung nicht vberein stim-
met. Das kein verhaben oder gedancke
für gut zu rhümen/ der wider die Christliche lere ist/ Vnd das nichts für ein werck
der liebe zu halten/ dardurch dem leibe ge-
holffen/ vnnd der Seelen geschadet wird.
Dieses mus man jnen mit grossem ernste
fürhalten/vnd mit Gottes wortebeweren
vnd sie vberweisen. Darnach wenn man
den wahn widerlegt hat/damit die Zeuberer jr Gotlos wesen verdeckt vnd beschö-
net haben/ so mus der Prediger jnen mit
der Zeuberey begangen Sünde gros vnd
heslich machen/ vnd weisen/ das die vier
böse dinge die jtzt erzehlet sind/nemlich/der
erschreckliche grewel vor Gott/die hesli-
che verunheiligung Göttliches namens/
der schendliche abfall von Gott/ vnd die
verfluchte verlassung des bundes / der mit
Gott in der Tauffe gemacht/ in dieser
Sünde sich allz mit einander finden/ sie
scheine für den Menschen so geringe als
sie könne.

N iiij   Da

Da aber hie einer fürwerffen möch=
te/dis vrtheil sey gar zu scharff auff die so
aus jrrthumb sündigen. Antwort. Die
Sünde die aus jrrthumb geschicht / ist
zweierley/ die eine/ so nicht wider den
grund des Christenthumbs ist / vnd den
Glauben nicht auslesschet / als da seind
viel hinlessigkeiten vnd schwacheiten. Die
andere / welche stracks wider den grund
ist/ vnd denselben auffhebet/ alls da ist die
Sünde derer Zeuberer die von jhrer Zeu=
berey einen Gottesdienst machen / denn
sie lesschet den Glauben auff die verheis=
sungen Gottes aus den Hertzen/beide de=
rer so die Zeuberey treiben / vnd derer so
dafür geachtet werden/ das jhnen durch
Zauberey geholffen sey.

Zum dritten / Wenn dis also verrich=
tet ist/ so mus man mit sonderm ernste wie
denn des heiligen Kirchenampts Reputa=
tion/hoheit vnd herrligkeit erfoddert/was
die vorhandene oder gegenwertige gele=
genheit leiden wil/ vnnd die notdurfft er=
foddert/ bedencken.

Denn

Denn wenn man sie also beredt
hat/das es keine gute Andacht oder
Gottesdienst/sondern eine abschewliche
Sünde ist/so pflegen die/so darmit gesün¬
diget haben zuzusagen/das sie daruon ab¬
stehen wollen/oder aber sie bleiben ver¬
stockt in jhrem wahn. Derowegen mus
man nach dieser vngleichheit mit jhnen
handlen.

Saget der so aus einfalt in Zau¬
berey geführet worden zu/das er dauon
abstehen wolle/vnd lesset jme/wenn er mit
Gottes Wort recht vnterrichtet ist/die
begangene Sünde zu hertzen gehen/das
er hertzleid darüber hat/so sol der die¬
ner des Euangelij jn zur Busse verma¬
nen/vnd jme zeigen/das die Gnade Got¬
tes grösser ist als die Sünde/auch die
Güte vnd barmhertzigkeit Gottes/der
nicht den todt des Sünders wil/sondern
das er sich bekehre vnd lebe.

So dieser Sünder durch den trost/
vnd durch die Göttliche verheissungen ein
hertze fasset/so mus man jn darin be¬
ſtetigen

ſtetigen/vnnd vermanen/ das er ſich von
wegen dieſes lebens wolfart nicht zwider-
umb in des Teufels ſtricken fangen laſſe.
Man mus jm auch anzeigen/ wie ein ge-
ſehrlich ding es iſt/wenn man die Sünde
wider beginnet/die man zuuor bekand vnd
berewet hat/ denn daher kömpt mehelich
eine verhartunge oder verſtockunge.Vnd
wenn man ſhn alſo vnterrichtet vnd vermanet hat/ſo ſol man Gott dancken/vnd
jn in frieden gehen laſſen.

SO aber die that etwa offentlich
ruchtbar iſt / oder nicht / ſo ſol man dieſe
Regeln/welche aus dem Geſetze der liebe/
vnnd dem worte des HErrn Matth. am
18. cap. genommen/ wiſſen.

Die erſte. So die vnthat öffentlich
ruchtbar geweſen / ſo ſoll der diener des
Euangelij des Sünders buſſe offentlich
verkündigen/auff das das ergernis abge-
ſchaffet werde/vnd die Leute nicht ein böſe exempel oder beyſpiel dauon nemen/Er
ſol im namen des Sünders die Gemeine
vmb verzeihuug bitten/ Er ſol bitten/das
die gemeine für jn beten wolle/ damit er
nicht

nicht widerumb vom Teuffel vbereilet
werden möge/ Er sol auch die gantze Gemeine vermanen/das sie wacker sey vnnd
bete/das nicht einer vom Teufel vbereilet
werde vnd die gnade Gottes verliere.

Die andere. Wenn die vnthat nicht
ruchbar ist/ so heisset die liebe den diener
Göttliches worts seines bruders Sünde
heimlich halten. Denn dadurch wird das
ergernis verhütet/ vnd des nehesten gutter
namen erhalten: Vnd dis ists das der
HErr meinet/da er sagt: So dein Bruder wider dich/ das ist/ das du es erfaren
hast/wird gesündiget haben/ so gehe hin
vnd straffe jhn zwischen dir vnd jhm al-
leine/ so er dir wird gehorchen/ so hastu
jn gewonnen. Wo er aber halstarrig in
seinem fürnemen verharret/vnd wil nicht
busse thun/ so sol der diener des worts
des HERRN Regel halten/vnnd ci-
nen oder zwene ehrliche Leute zu sich ne-
men/vnd den Sünder für sich bescheiden/
das er durchs Gebet/ durch vermanunge/
lere vnd straffe seines jrthumbs vberwunden werde.

Wenn

Wenn er vberwunden ist / vnd Busse thut/so sol man mit jm nach den Regeln die kurtz zuuor gesatzt seind/handeln. So er aber halsstarrig bleibet/ sol er in den Bann gethan werden/ damit er schamrot gemachet werde / vnd entlich Busse thue. Da er aber durch den Bann nicht gebessert wird/ vnd solches nicht bald thut/weil der verzug gefehrlich vnd nicht andere damit auch beschmutz werdē/so sol er der diener des worts/ der weltlichē Obrigkeit anzeigen / welche vber beiden tafeln des Gesetzes halten sol / derselben ist befohlen/ die ergernissen entweder durch verweisung oder leibliche straffen abzuschaffen/ sonderlich an denen/ welche jnen nicht wellen helffen lassen.

Bishero haben wir vnser meinunge vnnd rath von denen angezeigt/welche aus einfalt/ vnd als wenn sie Gotte darmit dieneten die Zeuberey gebrauchet/ andern/wie sie sagen/zu gutte/vnd haben angezeiget wie man mit jnen vmbgehē solle/ das sie sich bekehren vnnd daruon absteben.

hen. Nun wollen wir mit einem worte
von denen reden/welche mit vnzimlichen
künsten / den Menschen/ Thieren/ oder
Früchten/schaden zufügen. Wenn die=
se jrer vnthat rechtmessig vberwunden/ so
sol das Weltliche Regiment jhrer nicht
schonen.Denn es ist eine vnbarmhertzige
barmhertzigkeit eines verschone/ dadurch
viel Menschen beleidiget werden.Derhal=
bē ist des Bernhardi Spruch sehr billich.
Es ist besser das einer vmbkome/ denn die
Gemeine.

Aber dieweil der Diener des worts
des armen Sünders Seelen heil suchen
sol/so sol er mit jm/die in vnsern Kirchen
gebreuckliche ordnung halten/das ist/ Er
sol den armen Sünder / der zur straffe ge=
bracht wird/die grösse vnd wichtigkeit sei=
ner Sünden sehr wol einbilden/Erkennet
er dieselbe so sol er jhn mit Gottes ver=
heissungen/wider stercken vnd auffhelffen/
inmassen oben gesagt ist. Darnach sol
man jn vnterrichten/ von der straffe so
jme die Obrigkeit wird aufflegen. Erst=
lich das dieselbe straffe mit nichten eine
versünung

vorsünung seiner Sünden gegen Gott/
Sintemal hierzu nichts/ denn alleine der
Tod Christi hilfft) sondern nur eine billi=
che rache sey / welche die Obrigkeit aus
Gottes befehl wider die jenigen vbet/ so
die Menschliche gemeinschafft böslich ver
letzet/vnd mit einem schweren ergernis die
Kirche Gottes beleidiget haben.Vnd ge=
schicht derhalben mit solcher straffe nicht
Gotte gnug/ sondern den Menschen al=
leine/welche beleidiget waren. Darnach
sol der/ so zur straffe gezogen wird vn=
terrichtet werden/ das/ob wol die straffe/
so er nach der Obrigkeit vrtheil leiden sol/
eine billiche straffe/ von wegen der mis=
handlung sey/ so werde sie doch ein Gott
angeneme opffer/wenn sie nur im Glau=
ben/gehorsam/ vnd mit gedult angeno=
men wird: Sintemal der Glaube/damit
er die vergebung der Sünden fasset/ Der
gehorsam/damit er sich Gott vnd den ge=
setzen vnterwirfft/ Vnd die gedult/damit
er die straffe seiner Sünden gedultiglich
leidet/ aus dem/ so sonst an jm selber eine
billiche straffe ist/einen angenemen Got=
tesdienst machen/nach dem spruch: Gott
ist ein angenemes Opffer ein geeng.ster

Geist:Ein zerknirschtes vnd gedemütigtes Hertz/ wirstu Gott nicht verachten. Hieher gehöret das exempel des schechers/der mit Christo seiner missethaten halber ans Creutze geschlagen war. Denn dieser hat sich durch den Glauben zu Christo begeben/vnd mit heller stimme bekandt/das seine straffe jm billich widerfüre/ vnd hat also im gehorsam gegenGott vnd den Gesetzen seine verdiente straffe gedültiglich getragen/nicht zweifelnde an Christi zusage/der jme gesagt hatte / Heute soltu mit mir im Paradies sein. Welches nun an jm selber den reuber eine billiche straffe war/ist jm durch die busse eine grosse freude worden.Denn mitten in der straffe hat der Geist Christi jm beygestanden/ vnnd jn gestercket/ vnd seine Seele ist im tode von dem Galgen in das Paradies selig vnd vnsterblich gefaren.Des lincken reubers oder schechers strafe aber / weil er sie nicht im Glauben/ gehorsam vnd gedult angenommen/ist sie Gott kein angeneme opffer gewesen/sondern dem Teuffel ein lustig spectackel oder spiel der grosse lust dran hat/wenn menschlich blut vergossen wird.   Zum

Zum dritten sol der arme Sünder
von Gottes willen geleret werden/ welcher jhn in der Obrigkeit hand gebracht/
vnd wil das er seiner mishandlung halber
von jr sol gestraffet werden. In diesem
willen vnd rath Gottes sind zwey dinge
zu mercken/ vnd dem armen Sünder mit
allem fleisse einzubilden/nemlich/ Gottes
Barmhertzigkeit/ vnd Gerichte. Zur
Barmhertzigkeit gehöret/ das Gott den
armen Sünder/durch die straffe zu ernster
busse ruffen wil. Ich habe von vielen armen Sündern gehöret/das sie sagten/ da
sie ausgeführet worden: Wenn mich Gott
nicht hette der Obrigkeit zur straffe in die
hende gegeben/so were es mit meiner seligkeit aus/vnd ich were in meinen Sünden
gestorben/vnd ewiglich verdammet/ Nun
dancke ich aber meinem lieben Gotte / der
aus grosser barmhertzigkeit mich zur straffe darüber bringet/ das er mich dardurch
bekere/vnd selig mache. Die exempel sind
den Kirchendienern bekandt. Zum Gerichte gehöret/das Gott zu erhaltung vnd
schutz Menschlicher gemeinschafft/vnd der
Kirchen

Kirchen diese lehre wil erhalten haben /
das / welche öffentlich gesündiget haben /
auch öffentlich sollen gestraffet werden.
Denn dardurch werden ergernissen gehin
dert / friede erhalten / erbarkeit geschützet
vnd Gottseligkeit vnter den Menschen
ausgebreitet.

Vom dritten /

Vm dritten habe ich wollen von einer Christlichen Obrigkeit oder
Richters ampte etwas sagen / damit
er in vrtheilen nicht wider sein Gewissen
thun möge / vnnd dieweil wir itzund von
den Zeuberischen Aberglauben handlen /
wollen wir drey dinge verrichten.

Erstlich wil ich derer irthumb wi-
derlegen / welche nicht wollen das die weltliche Obrigkeit vber Zeuberische sachen
richten könne.

Darnach wollen wir etwas geden-
cken von der klage / vnd wie vielfaltig die
sey / damit der Richter hieruon erinnert

O   werde

werde/vnd desto fleissiger auff sein ampt
achtung gebe.

Erstlich wie sich ein Richter verhal-
ten/vnd was er für ein vrtheil solle fellen/
das wollen wir gar kürtzlich erkleren.

Die irren gar zu gröblich/vnd ist schande das es bey Gottseligen hertzen gedacht
werden sol. Welche da wollen / das die
weltliche Obrigkeit vber Zeuberische sachen nicht richten solle/denn dieselben verstehen nicht/ das der Obrigkeit ampt ist/
vber beide Tafeln der Zehen Gebot zu hal
ten. Sie bedencken nicht/ warumb die
Richter in der heiligen Schrifft/ Götter/
Väter vnd Hirten genandt werden. Lieber warumb werden sie anders mit einem
Göttlichen namen genant / denn das der
Richter oder weltliche Obrigkeit/dadurch
erinnert wird/das sie zum höhesten vnnd
ersten dahin bedacht sein solle / wie sie die
ware Religion oder Gottesdienst wolle leren lassen/erhalten/ vnnd vnter die Leute
ausbreiten? Dieweil denn nun die rechte
religion one abthuung des falschen Gottesdiensts nicht gelehret/erhalten vnd aus
gebreitet werden kan/ wer sihet nicht/ das
der Gottsfürchtigen Könige vnd Fürsten/
DAS

das ist/der öbersten Richter ampt sey/alle
aber oder falsche glauben vnd Gottesdien
ste/darunter die zeuberische betrüge die für
nemesten sind/durch Gesetze vnd straffen
abschaffen.   Gleich darumb werden sie
auch Väter vnd Hirten genant/ dauon
an einem andern orte gesagt ist.   Anhero
können nicht vnfüglich gezogen werden/
die zwo leren Platonis/welcher Cicero gedencket. Die eine. Die in einem regiment
sind/ die sollen jrer Bürger nutz also suchen / das sie alles zu derselben wolfarth
richten/vnd jres eigenen fromens vergessen. Die andere/das sie der gantzen gemei
ne nutz schaffen/ damit wenn sie nur auff
einen theil sehen/ die andern nicht verseu-
met werden. Die nun sagen/ das die weltliche obrigkeit vber zeuberische sache nicht
richten könne zeigen/die nicht auch damit
heimlich an/dz die obrigkeit auch nit mache
habe der bürger/vnd gantzen gemeine wol
farth fromen zuschaffen vnd zuuerfügen?
Wolte auch einer sagen/ das von denen
zeuberischen sachen kein recht in diesem
Königreich Dennemarck gesatzt sey/der sol
Gottes wort hören/welchs höher ist deñ alle menschliche rechte: Die zeuberinne soltu
nicht leben lassen.   O ij   Er

Er ſol auch die Keiſerliche Geſetz hören
welche daſſelbe mit groſſem ernſt gebieten.
Er ſol wiſſen das dieſes Reichs herge-
brachte gewonheit / als die mit Gottes
wort vnd Gottsfürchtiger Keiſer Geſetzen einſtimmet/ſo viel gilt/ als ein Geſetz
oder geſchrieben Recht.   Aber was ſol
man viel ſagen / der ſchaffet der Obrigkeit fürnembſtes ampt abe/der jnen die gewalt nimpt mit jren Geſetzen vnd ſchwer-
te/ die öffentliche verunheiligung des namens Gottes zu ſtraffen.

Zum andern folget von der klage/
dauon ich darumb ſagen wil / weil die
Richter bisweilen / ob jnen wol vmb die
miſſethaten bewuſt / ſich entſchüldigen/
das ſie die vbeltheter nicht ſtraffen / weil
kein ankleger da ſey.   Denn wenn man
mit jnen von jrem ampte redet/ ſo pflegen
ſie ſich alſo zu entſchüldigen.   Aber hie
ſol man wiſſen / das die klagen dreyerley
ſind. Erſtlich wenn das gemeine gerichte einen angibet vnd verklaget. Zum andern wenn in einer wolgeordenten Poli-
cey

tey die auffmercker der Obrigkeit vorbrin-
gen/ was da sol gestraffet werden. Zum
dritten / wenn einer der für sich allein be-
leidigt ist / seine klage für den gebürenden
Richter bringet.

So viel die klage/ so durchs gemeine Gerichte geschicht anlanget/ sol ein
Christlicher Richter wissen/ das seines
ampts gegen der gemeine ist/ was einem
frommen Vater gegen seinem Gesinde
zu thun gebüret. Was thut hie ein fro-
mer Vater/ wenn für in kömpt das vnter
seinem Gesinde dieser oder jener vbel ge-
than/ forschet er nicht von stund an mit
gantzen fleis nach/ bis er auff den
grund der Warheit kömpt? vnnd so viel
bey jm ist/ rottet er in seinem hause das ergernis aus. Thut das ein Hausvater in
einem Hause/ viel mehr stehets einem
Christlichen Richter/ sonderlich dem
Obersten/ der da wil ein Vater des Va-
terlandes genennet sein/ zu/ das er ernste
nachforschunge habe/ damit er dermalen
eins erfare ob das gemeine Gerichte war

sey oder nicht/ auff das er die ergerniſſen
ausrotte/dardurch viel böſe gemacht wer=
den. Kürtzhalber wil ich kein exempel erze=
len.   Von den andern beiden klagen/ iſt
nicht not etwas zu ſagen/denn das ſie ſol=
len nach der ordnung der rechte angeſtel=
let vnd erörtert werden/ wenn beide theile
geſtöret ſind/nach dem ſpruch des *Seneca*:
Wer ein vrteil ſpricht wenn er den 2. theil
nicht gehöret hat / ob er wol die billigkeit
ſpricht/ſo iſt er doch nicht ein billich man.
Darnach/wie den rechthengigen/das iſt/
dem ankleger vnd angeklageten zuſtehet/
darzuthun vnd zubeweiſen/ dz es ſich vmb
die ſache alſo verhelt/oder das es ſich nicht
alſo verhelt/oder gar nicht geſchehen ſey:
Alſo iſts des Richters ampt alleine/das er
erkenne vnnd ausſpreche was billich oder
vnbillich iſt/vnd ſolchs nicht von den par=
ten lerne.

　　Aber was ich für einen Richter ha=
ben wolle/ ſol man kürtzlich alſo verneme:
Der Richter ſol verſtendig ſein / das er
das recht verſtehe/Er ſol fromb ſein/ das
er verleumbdung haſſe/ er ſol fürſichtig
ſein/

sein/das er das Geseß auff die sache recht
könne richten. Mechtig dz er die mishend=
ler straffen/vnd die vnschüldigen schüßen
könne. Er sol Gottesfürchtig sein / das er
nicht etwas aus eigener gunst oder wider=
willen thue / damit er sein Gewissen be=
schwere/sondern sol in allem Gottes ehre
vnd der gemeine nuß vnd fromen suchen/
auff das er den Göttlichen namen eines
Hirten vnd Vaters Gottseliglich behal=
ten könne. Kürßlich/er sol bedencken das
er Gottes diener ist/der nicht sein/sondern
Gottes gerichte halte.Denn wer nach sei=
nem gefallen vnnd gutdüncken sein Ge=
richte helt/der wird ein mal erfahren/ das
der Poet recht gesagt/ der da spricht:
So du ein vnrecht vrtheil wirst sprechen /
   An dich sich Gott gwis darnach wird
            rechen.
   Ferner dieweil der Richter nicht sein/
sondern Gottes Gerichte helt/ das er
nach den Zehen Geboten als die rechte
Richtschnur regulieren vnd richten mus/
so fallen hier 2. fragen für. Die eine. Ob
auch der Obrigkeit erlaubet sey bisweilen
                O iiij   des

des beklagten der wider das offentliche Gebot gemishandelt zu schonen / oder nicht? Die andere / Ob auch ein jeder Richter macht habe das stracke Recht faren zu lassen / vnnd wider die klare Wort des Gesetzes eine linderung zu gebrauchen / vnnd eine lindere straffe auffzulegen / als im Gesetze oder Recht verordenet.

Von der ersten frage /

Nemlich / ob ein Richter macht habe eines Vbeltheters / der wider ein Gesetze gemishandelt / zuuerschonē / oder nicht / sol man diese Regel oder gemeine lehre wissen. Wenn die endliche meinunge des Gesetzes eine linderung erdulden kan / vnd der Vbeltheter one eine grosse straffe kan gezüchtiget werden / vmb die Gemeinde wird nicht sehr geergert / so kan ein Christlicher Richter nach dem exempel Gottes (welches ampt er jm verwaltet) entweder die straffe lindern / oder des beklagten durchaus verschonen / wofern er vmb verzeihung demütiglich bittet / vnd mit ernst besserung zusaget.

In

In dieser Regel oder gemeinen lehre müssen viel dinge beysamen sein. Denn
man mus zugleich für augen vnd in acht
haben die endliche meinung / eines Gesetzes (welche ohne zweiffel die erhaltunge
Menschlicher gemeinschafft oder gesell-
schafft ist.) Die gelegenheit des Vbeltḥe-
ters / vnnd die gantze gemeinde. Denn
wenn diese dinge gegen einander gehalten
vnd betrachtet werden / so wird ein ver-
stendiger Richter leichtlich vernemen /
wenn er die stracke gerechtigkeit/vnd wenn
er barmhertzigkeit oder linderung gebrauchen sol. Kürtze halber wil ich keine exempel setzen.

Von der andern Frage/

Ob ein jeder Richter macht habe
die linderunge des scharffen Rechtens so
den stracken worten des Gesetzes zuwider
ist/zu gebrauchen oder nicht? Denn etliche Richter sind die Obersten/ Etliche die
mittelsten/etliche die nidersten / oder vom
gemeinem Volcke.

Wenn der niderste Richter die linderunge

derunge gebrauchet/das ist/wenn er nicht
nach den stracken worte des Gesetzes/son=
dern nach der meinung / wie er es achtet
richtet/ so setzet er sich in gefahr/ vnd gibt
den lestern vrsache von jm vbel zu reden.
Darumb sol er jm also thun/ Er sol nicht
bald nach den stracken worten des Gese=
tzes straffen/sondern die sache an den ober=
sten Richter bringen/ welchem alleine zu=
stehet das Gesetz nach der sache zu richten/
vnd solchs in betrachtung vnnd in anse=
hunge der endlichen meinung des Gese=
tzes / vnnd nach gelegenheit der vmbsten=
de der Personen vnd der hendel zuerkleren.
Vnd dieses sol er als denn thun/ wenn ei=
nem fürsichtigen Richter dünckt/ das die
meinung des Gesetzes wider die wort des
Gesetzes ist/sonst nicht. Denn so die mei=
nung des Gesetzs mit dem worten einstim=
met/so mus man keine linderung machen.
Vnd ich habe darumb gesagt/ dz diese lin=
derung dem obersten Richter zustehe/denn
er allein ist das lebendige Gesetz seiner bür
ger oder vnterthanen dem alle andere ge=
horsamen müssen.

Weiter ist auch ein vnterscheit zwischen
dem

dein vrtheil des obersten vnnd des mitlern
Richters zubehalten. Der oberste Richter
kan in seinem vrtheil / das er fellen wil/
glaubwirdige vermutungen/so er aus vielen anzeigungen genomen in acht haben.
Denn wenn viel anzeigungen gegen einander gehalten werden / so bekömpt der
Richter dardurch einē bestendigen bericht/
das er an der gelegenheit der sachen nicht
zweifeln darff. Vnd darumb sagt der Poet
von den anzeigungen recht.
Ob gleich nicht ein iede allein ist gnug/
So geben doch viel anzeigung rechten fug.

Vnd der mitler Richter mus haben entweder des beklagten freiwilliges bekentnis/
oder gnugsame zeugen / an welcher auff-
richtigkeit er nicht zweifelt/ vnd dis ist die
vrsache/warumb zweifelhafftige sachen
dem obersten Richter vorbehalten werden
sollen / sintemal der mitler Richter sich
nicht sol auff seine eigene wissenschafft
gründen / sondern er mus glaubwirdi-
ger zeugen aussage haben/welche sie
auff vorgehenden eid gethan.

Gott alleine ehre

Das Büchlein zum Leser.

Lis mich zweimal mit fleis/ das rate ich/
Gerewets dich darnach so schelde mich.
Mich daucht aber du wirst mich lesen mehr
Als denn/ weil ich geb sehr Gottselig (lehr
Vnd gebe dir darin das gröste gut
So dich bewart für der hellen glut.
Du wirst mich loben vnd mit nichten schelden
Denn solcher Bücher findet man selden.
Was Christlicher Glaub/gedult vnd liebe/
Darin sich ein Gottselig Mensch vbe/
Desgleichen hoffnung vnd andere tugent
Die wol geziimt auch der zarten jugent/
Dis Büchlein als in ein Spiegel weiset/
Drumb es der starck Astropægus preiset/
Vnd wie ein trewr Eckart wil han verwarnt
Die Christus mit sein Blut hat erarnt/
Vnd wil das es les mit fleis jederman/
So wird Christus in jme richten an
Das er fürs Teuffels listen mag bestahn.